講談社文庫

人生のサバイバル力

佐藤 優

講談社

本書は、沖縄県立久米島《くめじま》高等学校の生徒を対象に
2018年6月2日〜3日に行われた
特別授業の内容を元に再構成しました。

●

沖縄県立久米島高等学校
沖縄県島尻郡久米島町字嘉手苅727

沖縄本島の西約100キロに位置する離島、
久米島にある唯一の高等学校。
1946年に糸満《いとまん》高等学校の分校として開校。
園芸科と普通科の2学科で構成され、
2021年12月現在、生徒総数210名。

2013年度から高校・行政・地域が連携して
「久米島高校魅力化プロジェクト」を開始し、
島の豊かな環境を生かした教育や、
島外から生徒を募集する離島留学制度、
町営塾でのきめ細かな
学習指導などで注目されている。

言語
身体

目次

はじめに………………………………8

第1部 何のために勉強するのか

第2部 歴史から何を学ぶか

はじめに

1960年1月生まれの私は、もうすぐ60歳の還暦を迎えます。そろそろ人生の終わりに備えて、自分の仕事を整理しなくてはならないと考えています。その過程で、教育に対する関心が私の心の中でとても強くなっています。

21世紀に入って、新自由主義的な競争原理が、教育にも入ってきました。「選択と集中」によって、都市部の富裕層の子弟とそうでない子どもたちの機会の平等が著しく損なわれています。そういう状況で、沖縄本島の西100キロメートルにある久米島が「久米島高校魅力化プロジェクト」と名づけた興味深い教育改革を行っています。

約10年前、久米島高校は存亡の危機に直面しました。

久米島高校には現在、「普通科」と「園芸科」が設置されていますが、平成21年、沖縄県教育委員会より、園芸科の生徒募集を平成26年度をもって停止するとの提案を受けたのです。

〈久米島のような離島にとって、園芸科の廃科は単に一つの科がなくなるというだけには収まりません。基幹産業である農業の担い手不足を招くだけでなく、子どもたちの学びの選択肢が狭まることで、島外進学を選ぶ生徒が増える可能性がありまず。それにともなって一家転住が増え、人口減少が加速し、島の衰退にもつながりかねない、島の将来を左右する問題です。

この問題に対処するため、行政や教育委員会、町商工会、地域住民有志などにより「久米島高校の魅力化と発展を考える会」を発足。本格的に高校魅力化プロジェクトが始まりました。

園芸科の存続を求める署名運動や住民大会、町長や町教育長、町議会議長による働きかけなどのかいあって、園芸科廃科はいったん延期に。

しかしその後も、「島の教育は島全体で応援する」との考えの下、オール久米島で高校魅力化プロジェクトを進めています〉

――久米島高校魅力化プロジェクトＨＰ

私は、2018年6月2〜3日、久米島に出かけ、久米島高校の生徒を相手に特別講義を行いました。その講義記録を基にして作成したのがこの本です。講義では吉野《よしの》源三郎《げんざぶろう》『君たちはどう生きるか』などをテキストにして、勉強にどういう意味があるかについて、生徒たちと一緒に議論し、考えました。知識の定着をチェックする小テストも行いました。生徒たちは講義内容をよく理解していました。

久米島高校の教育内容は、過去数年で飛躍的に向上しています。「離島留学制度」によって全国から集まった生徒と、島内出身の生徒が共に学ぶことで、互いの価値観に触れ、刺激し合って学びを深めています。進学実績でも琉球《りゅうきゅう》大学の医学部を含む各学部、公立名桜《めいおう》大学、早稲田《わせだ》大学などに合格者を出しています。またハワイのコナワエナ高校への短期留学制度があり、留学費用の9割を久米島町が負担しています。

久米島町は、東京工業大学出身の若手を久米島高校魅力化事業嘱託員に雇って学校と連携を図り、町営塾「久米島学習センター」では早稲田大学などを出た若手6名が3年契約で久米島に住んで講師をしています。町営塾では就職希望者も対象に、生徒の進路と適性に応じたきめ細かい教育を行っています。また島外生のための町営寮では、海外でも経験を積んだ優秀な女性がハウスマスター（寮母）をつとめています。

能力が高く、情熱のある若手の教育専門家が久米島に集まっているのです。

離島でさまざまなハンディがあっても、人々の熱意と努力によって、優れた教育を行うことができるという久米島高校の経験から、多くを学ぶことができます。

今、日本の教育は大きく変わろうとしています。２０２０年の大学入試改革により、これまでの偏差値重視の入試が転換し、「自分の頭で考える力」が問われるようになります。今回の特別講義では、久米島高校の生徒たちに、数値だけでは計れない、これからの時代を生き抜くための知恵、人生をサバイバルする力を伝えたいと願いました。

私の講義を熱心に聞き、積極的に討論に参加してくれた生徒たち、このプロジェクトを支援してくださった久米島高校、久米島町役場の関係者、講義を傍聴して、本書の編集の労をとってくださった講談社の見田葉子さんに深く感謝します。

２０１９年６月20日

佐藤　優

第1部

何のために勉強するのか

人生で役に立つ知識とは

佐藤　こんにちは、佐藤優です。今日はよろしくお願いします。

さてみんな、なんで勉強するの？

生徒　将来のためとか、好きなことを極めるためとか、新しい世界を知るためとか……。

佐藤　模範解答だけど、みんな、将来やりたいことは決まっている？

今日の授業では、それを考えるための情報を提供して、みんなのメニューを少し広げて、将来、自分の可能性を生かせる道に進む手助けができればいいなと思っています。

この教室には、大学進学を希望している人もいれば、就職を希望している人もいる。それから、久米島出身の人もいれば、東京や大阪や東北から、離島留学で来た人もいる。これは理想的な環境だと思います。若いうちに、いろんな立場の人や考え方の違う人と出会うことは大切です。進学する人も就職する人も、試験のためだけじゃない、これからの人生で役に立つ知識を、ここで身につけていってください。

やりたいことを見つけるためには、失敗を恐れず、いろんなことにチャレンジしてみること。若いうちに何回か失敗しておくのは非常にいいことです。インフルエンザの予防接種と同じで、予防接種を打っておけば、ひどい症状にはならない。逆に人生で一度も失敗せずに育っていくと、後ですごい失敗をしてしまうことがある。だから失敗というのは絶対に経験しておいたほうがいい。そのときに大事なのは、失敗を失敗と認めることです。

魯迅[*1]という中国の作家が1921年に書いた、『阿Q正伝《あきゅうせいでん》』という小説があります。村人たちから馬鹿にされている「阿Q」という男は、ケンカに負けても、いつも心の中で都合よく合理化して、自分が勝ったと言い続けている。そうするうちに最後には無実の罪で処刑場に引き立てられて、銃殺されてしまう。こういう小説を読んでおくと、失敗を見つめない人間はどうなるのかがわかります。

もう一つ、この話は阿Qという一人の男のことを書いただけじゃなくて、

1―魯迅《ろじん》　1881年〜1936年。中国の文学者、思想家。医学を志して日本に留学後、中国人の精神的改革をめざして文学に転じる。『狂人日記』『阿Q正伝』など多くの作品を発表して中国近代文学の基礎を築いた。

[*2]当時の中国が置かれていた状況を描いている。清《しん》王朝が倒れて中華民国に替わる時代の中国人たちが、自分たちは失敗していない、自分たちは偉いんだと言っているうちに、どんな悲惨な状況に追い込まれてしまったか。それを阿Qの運命に重ねて書いているわけです。小説を読むことで、そういう歴史の知恵を知ることができます。

「悪」について知っておこう

佐藤　それから、学校の教育では「悪」を教えません。だから大人になって、知らずに悪にひっかかってしまうことがある。残念ながら社会に出ると、悪い人はたくさんいるからね。そういう人にひっかからないためには、悪について知っておかなければいけない。

でも、べつに自分が実際に悪を経験して知る必要はないんだよ。そのために、小説とかノンフィクションとか、本が重要になる。本を読むことで、自

2　『阿Q正伝』が書かれた時代
列強による中国侵略が進む中、300年続いた清朝は1912年、辛亥《しんがい》革命によって崩壊し、中華民国が成立した。しかし新政権も軍閥に支配され、社会変革は実現しなかった。1921年に発表された『阿Q正伝』は日雇い農夫「阿Q」の生涯を風刺的に描きながら、厳しい現実を見ようとしない中国民衆や辛亥革命の本質を批判した。

分が経験するんじゃなくて、人に経験してもらう。これを代理経験といいます。

世の中には、4通りの人間がいるんです。「能力が高くて倫理観も高い」、「能力は高いけど倫理観は低い」、「能力は低いけど倫理観が高い」、「能力も倫理観も低い」。この中で、最低なのはどれだと思う？　能力も倫理観も低い人じゃないよ。倫理観が低くて、能力が高い人なんだ。そういうやつは、うまくウソをついたり、人を言いくるめたりして、よい人のふりをする悪人になる。

みんなも毎日ニュースを見ると、成績優秀なはずの政治家や官僚たちがセクハラをしたりウソをついたり、変な事件がたくさんあるでしょう。人間性と成績は関係ないんだ。そういう人間を見抜くために必要なのが、小説を読むこと、ノンフィクションを読むこと。本を通じていろんな人間や世の中の危険を知って、悪の代理経験を積むことです。

つらい過去には向き合わなくていい

佐藤　君たちの中には、中学生の間に嫌な経験があった人もいるかもしれない。いじめもあるかもしれないし、学校へ行きたくなくなったり、いろんなつらいこともあったんじゃないか。そういうとき、人生を一回リセットするのにいちばんいいのは、「場所を変える」ことです。それも中途半端に変えるんじゃなくて、ドカンと大きく変える。そういうことって、ものすごく重要なんだ。

もう一つ、自分の人生でつらいことがあったとき、よく「過去に向き合え」というけど、あえて言えば、向き合う必要はない。嫌な思い出なんて忘れちまえ、フタしておけ。それで今は、自分の力をつけるんだ。自分のやりたい夢を追いかけて、自分にある程度の力がついたところで、おのずから自分の過去に向き合うことになる。そういう順番のほうがいいと思う。

私が尊敬する政治家で、前原誠司[*3]さんという人がいます。以前に外務大臣

3　前原誠司《まえはらせいじ》　1962年〜。国民民主党所属の衆議院議員。京都府出身、京都大学法学部卒業。民主党代表、国土交通大臣、外務大臣、民進党代表などを歴任。

をやった人だけど、彼が中学2年生のある日、お父さんが鉄道に飛び込んで自殺した。それから母子家庭になった彼は奨学金をもらいながらアルバイトをして、高校から京都大学まで、全部自力で出た。私も京都の同志社大学を出ているけど、京都でお金のない男子学生がよくやるバイトは魚市場なんだ。これは朝の3時半から始まって8時に終わる。ものすごくきついけど、時給が高い。それに余った魚をもらえるから、タンパク源を確保できるわけ。あるとき前原さんとご飯を食べに行ったら、生ガキを食べない。「実は学生時代にアルバイト先からカキを持って帰って、食べたら当たったことがあって」と。そのトラウマで今もカキが食べられないんです。

彼が言うには、自分は母子家庭出身で、がんばって勉強してはい上がってきたけど、父親の自殺の問題に向き合えるようになったのは40代の後半、政治家になって、ある程度の経験を積んでからだった。みんな自分の問題に向き合えと言うけど、それは違う。自殺で親を亡《な》くした家族には、どうしても向き合えない現実があるんだと。

私は今、彼と一緒に、社会の分断をなくしていこうという勉強会をしています。東京のど真ん中に生まれて親の年収が5000万円あろうが、地方に生まれて母子家庭であろうが、子どもたちはみんな同じ可能性を持たないといけない。だから教育は高校までは完全に無償化して、大学は国公立大学の授業料をうんと下げて、力のある子たちが経済の負担を感じないで行けるようにしよう、そのかわり税金は上げる。そういう形で日本の国のあり方を変えられないかという話をしています。

きっとみんなも一人一人、自分の中にいろんな問題を抱えていると思う。でもその問題は取りあえずカッコの中に入れて、きちんと勉強していくことで、将来、問題は解決できるんだと考えてほしい。

医者と弁護士がゴールではない

佐藤　では勉強して、どんな将来をめざすのか。これまで、医者や弁護士はエリートだと思われてきたよね。今、大学の医学部の定員は年間9500人くらいだから、医師になれるのは毎年1万人弱です。じゃあ、日本の医学部でいちばん難しい東大の理科Ⅲ類の、医師国家試験の合格率は何％だと思う？　約90％です。一学年１００人のうち、毎年10人ぐらいは医師国家試験に落ちる。ところが順天堂大学や横浜市立大学の医学部生は、ほぼ１００％受かっている。なぜ東大ではそういうことになるのか。

これは大人になるまで挫折しなかった人間によくある問題で、１番目は、大学に入ったら遊びほうけて、勉強を完全に忘れてしまう。２番目は、心の病気になってしまう。３番目が、完璧主義、物量主義の人。大学入試までは物量主義ですべての教科書と問題集をこなして、それを覚えればよかった。ところが、医師国家試験とか、国家公務員試験とか、外交官試験とか、そういう試験は完璧主義では時間切れになる。だから総合的に状況を判断してヤマを張る、すなわち総合マネジメント能力がないと受からないわけです。

それから、弁護士になるには司法試験という試験に合格しないといけない。司法試験の合格者は、30年前までは５００人だったのが今は3倍に増えたけど、毎年１５００人だけです。じゃあ、弁護士の年間所得の中央値（高い順に並べたとき、中央に位置する値）はいくらだと思う？　約４００万円です。決して昔のような高給ではない。中には年に10億や20億の収入がある人もいるけれど、年収が２００万円に満たない弁護士もざらにいる。その上、法科大学院へ行くには７００万～８００万円かかる。場合によってはそれだけの借金を背負わなきゃならない。そこまでして弁護士になっても、毎年３００人から４００人が辞めていく。理由は色々あるけど、弁護士は皆、弁護士会に所属する必要があって、会費が年間50万～１００万円かかる。その会費を払えないことが理由で辞める人もいるんです。

だから、弁護士になれば大丈夫という時代は終わっているわけです。

「入学歴社会」が終わるとき

佐藤　今、日本の教育は大きく変わろうとしています。

昨日、久米島に琉球エアーコミューターで来たら、飛行機が新しくなっていたね。飛行機というのは製造されてある年数が経《た》つと、見た目はきれいでも、あちこちにガタが来る。見えないところで金属疲労が起きて、最悪の場合には空中分解することもあるんだ。それと同じように教育制度も、いつか限界がきて崩壊する危険性がある。そういう意味で今、日本の教育制度には、全体的に金属疲労が起きているんです。

みんな、中学から高校に入って、ギャップを感じなかった？　高校になったら急に勉強が難しくなって、覚えなければいけないことが多すぎるじゃないかと。それは、今の日本の教育制度に構造的な問題があるからです。

たとえば、今の公立中学校で必要とされる英単語の数は１２００語です。それに対して、高校で必要になる英単語は３０００語。中学では１２００語覚えればよかったのに、高校に入ったら急に追加で１８００語も覚えなきゃいけない。しかも高校になると数学だって難しくなるから、時間が足りない。だから英語で落伍《らくご》しやすくなる。

一方、私立の中高一貫校、たとえば灘[4]とか武蔵とか桜蔭などの私立名門校では、中学の教科書は買うだけで使わず、いきなり高校の教科書を使いま

4　灘《なだ》、武蔵《むさし》、桜《おう》蔭《いん》
灘中学校・高等学校　兵庫県神戸市にある中高一貫教育の私立男子校。１９２８年開校。
武蔵高等学校中学校　東京都練馬区にある中高一貫教育の私立男子校。１９２２年開校。
桜蔭中学校・高等学校　東京都文京区にある中高一貫教育の私立女子校。１９２４年開校。
いずれも東京大学など名門大学に多

す。なぜかというと、中学と高校の重複箇所が多いから、そこを整理してつなげるようなプリントを使うわけ。それで大体、高校2年生のときに数Ⅲまでと理科と社会科の全科目を終えて、残り1年は受験に特化する。だから私立一貫校は入試に有利になるわけです。

それは逆に、受験勉強以外のものを捨てていることだから、必ずしもいいかどうかはわからないよ。ただ受験に関していうならば、受験に奇跡はありません。まぐれで受かったとか、まぐれで落ちたとか、そういうことは絶対にない。受験にはその時点での学力が正確に反映される。しかしそれはあくまで18歳時点の学力であって、大学に入ってからも学力は伸びます。

教育制度が変わるのは、大学入試が変わるときです。そして2020年度、つまり2021年の入試から、大学入試が大きく変わる。今のセンター試験が廃止されて、「大学入学共通テスト」[*5]が始まります。私もプレテストを解いてみたけど、けっこう難しい。たとえば現代社会では、「18歳に成人年齢を下げた場合に、どういうプラスとマイナスがあるか」とか、自分の頭でよく考えないと解けない問題がある。これは、これまでの入試からの大き

数の合格者を輩出している。

5 大学入学共通テスト　2020年度（21年4月入学者）から導入された新しい入試制度。

な転換です。

近い将来に「入学歴社会」が終わる。入学歴社会というのは、18〜19歳のときに難関大学に入ったら、そのあと仮に中退しても、自分は頭がいいんだと示せるような時代。それが終わって、そのかわり、大学に入ってから何を勉強するかが問われるようになるんです。

偏差値の導入で何が起こったか

佐藤　1979年に大学センター試験の前身である「共通一次試験」[*6]ができるまで、全国共通の試験はなかった。共通一次によってマークシート式の試験とコンピューターによる採点が一般化したことで、偏差値が意味を持つようになったんです。
偏差値というのは、データが大きくないと意味がない。たとえばこの教室の20人くらいで試験をして偏差値をとっても意味がなくて、多くのデータを

6　共通一次試験（大学共通第一次学力試験）
1979年から全国の国公立大学の入学志願者を対象に実施された、マークシート方式の学力試験。1990年から大学入試センター試験に移行した。

取る必要がある。共通一次によってそれが可能になったから、日本の大学は偏差値で全部、区切られるようになったわけです。

それまではみんな偏差値ではなく、大学名で選んでいた。将来ジャーナリストになりたい人は早稲田大学に行くとか、官僚になりたい人は東京大学へ行くとか、あるいは沖縄の歴史を勉強したい人は琉球大学へ行くとか、それぞれの大学のカラーで選んでいたんだ。ところが偏差値によって、大学が細かく序列化されるようになった。その結果起きたのが、「文科系の数学離れ」です。数学の勉強って大変でしょ？　特に高校に入って、中学と比べていちばん難しくなるのが数学です。だから文系の入試では、数学がネックになる。

共通一次ができるまでは、私立文系でも経済学部は数学が必修だった。しかし入試で数学を必修にしていると、必修としない場合と比べて偏差値が5〜7も下になる。日本の私立大学の経済学部で最後まで数学を必須にしていたのは慶応大学の経済学部と同志社大学の商学部です。ところが、慶応大学の経済学部は伝統ある名門なのに、早稲田の政経と比べて偏差値が5ぐらい下回ってしまった。そうすると慶応大学の経済学部OBが黙っていない、なんとかしろと言う。それで入試から数学を外したら、途端に偏差値が跳ね上がった。そうやって文科系の数学離れが進んだんです。

AO入試でも数学を捨ててはいけない理由

佐藤　その結果、どういうことが起きたか。私が勤めていた外務省には毎年、難関大の卒業生が入省し、外交官になれるのは年に70人だけです。私はその外交官の研修係をやっていて、ある年、二人の研修生を、モスクワの高等経済大学に留学させた。ここは今、ロシアでいちばんレベルの高い経済学を教えている高等教育機関で、卒業後は高級官僚になったり、投資銀行の幹部になったりする、そういう超エリートを養成する大学です。そこへ留学させた日本の研修生が二人とも、成績不良で1年で退学になってしまった。

これは私の愛国心をいたく傷つけた。日本の最難関試験の一つである外交官試験に合格して、なおかつロシア語というのはその中でも成績のよい人を割り振るからね、彼らは外務省の中でも成績がいいはずだった。それがなぜ退学になるのか。私はモスクワ高等経済大学の教務部長(元副首相)と知り合いだったから、理由を聞きに行ったわけ。「うちの研修生のどこに問題があるんだ。ロシア語ができないのか?」と聞いたら、「ロシア語はまったく問題ない」と言われた。いちばん大きな問題は、数学だと。

大学の経済学部というのは、今や事実上、理科系なんです。しかも金融工学というところでは必ず偏微分を使う。ところが文科系で、英語・国語・社会の試験だけで大学に入ってしまうと、偏微分なんて絶対にわからない。大学でも経済数学の授業はついていけないから迂回して、大学院でも経済史とかを専攻する。そのまま外交官試験も通ってしまうと、外務省に入ってから壁にぶつかるわけです。

それからみんな、推薦入学で大学に入るのはいいけど、センター試験の準備をしておかないと、後が大変です。特に文科系に進んだ人で、数学の知識の極端な欠損があると、就職のときに苦労する。どうしてかと言うと、民間の比較的大きい企業に入るには、リクルートがやっているSPI[*7]という試験を受ける。これには高校1年生の1学期ぐらいまでの数学が必要なんです。また地方公務員試験や教員採用試験には教養試験というのがあって、その約半分が数学。この教養試験で最低4割とれないと二次試験に進めない。だから中学校レベルの数学に難があると、超難関大学に入っても就職の段階で大体ふるい落とされてしまう。

それだから、今のAO推薦入試を制度として活用するのはいいけど、文系で推薦一本でいくからと数学の勉強を放棄しちゃうと、後で大変なことになります。

短期的な利益をみれば、大学に入るために勉強する科目はできるだけ少ないほうがいい。しかし社会で必要な知識をつけるという中長期的な利益で考えると、その道は先が狭くなってしまう可能性がある。そのことをよく考えてほしい。

7　SPI (Synthetic Personality Inventory)
知的能力や性格を総合的に測定する適性検査。日本リクルートセンター社によって開発され、現在1万社以上の企業の入社試験で導入されている。

アクティブ・ラーニングの誤解

佐藤　それから、いわゆる「アクティブ・ラーニング」[*8]というのを勘違いしてないか？

アクティブ・ラーニングというのは、授業で先生が一方的に話をするのではなくて、もっと生徒の能動性や積極性を引き出して、双方向性を重視した授業をしなければいけない、これから大きな変化に出会ったとき、生徒が自分の頭で考えて対応できるようにする、という目標を立てて始めたんだけど、なかなかうまくいかない。

なぜかといえば、いきなり、「さあ、これから北朝鮮情勢について、AチームとBチームに分かれて議論をしましょう」とやっても無理なんです。まずベースになる知識がなければ意味がない。たとえば、日本国の総理大臣が「北朝鮮は大量にサリンを作っている。そのサリンをミサイルの弾頭につけて日本に飛ばしてくるかもしれない。そうすれば甚大《じんだい》な被害が想定される」

8 アクティブ・ラーニング　体験学習やグループ・ディスカッション、ディベートなど生徒自らが主体的に参加する学習法。2012年8月の文部科学省中央教育審議会答申をきっかけに大学から小・中・高校の教育現場に広がった。

と言った。この話はどこがおかしいと思う？

サリンは化学物質でしょう。化学物質は熱の変化にきわめて弱い。これは、高校の化学基礎でやる話だ。弾道ミサイルは空気中で抵抗を持つよね。抵抗を持つとそのエネルギーは熱に転化する。大陸間弾道ミサイルだったら数千度の高熱になる。日本まで飛んでくる中距離弾道ミサイルだって100度を超える熱になる。そんな熱にサリンを触れさせたらどうなる？　組成が変化して、いずれにしても無力化される。だから、そんなものは何の脅威でもない。こういうことを読める力がないと、北朝鮮脅威論について議論をしても意味がない。つまり、パッシブ（受動的）な知識がないと、アクティブな知識は絶対に出てこないんです。

論理の力を身につける

佐藤　英語の勉強には「読む・聞く・書く・話す」という四つがあるよね。

どの力がいちばん重要だと思う? 結論を言うと、「読む力」です。外国語に関しては、読む力を超える「聞く力」や「書く力」や「話す力」は、絶対に出ない。これは他の学問も同じです。アクティブな力を出すには、必ずパッシブな力のほうが先行する。だから、すべての勉強の基本は「正確に読む」こと。論理的に筋道を通して読むという訓練が必要になるんです。論理というのは、「A=B、B=CならばA=C」ということ。もっとかみ砕いて言うと、論理の基本にあるのは、物事を分割して理解する、という考え方です。

では、ここで質問です。任意の偶数と任意の奇数を足したとき、答えは偶数になる? それとも奇数になる? そう、奇数になるよね。では、そのことを証明してください。

偶数+奇数=奇数の証明

偶数:2a　奇数:2b+1　a、bは任意の整数とする

2a+(2b+1)=2a+2b+1=2(a+b)+1

---

a、bはどちらも整数であるから、(a+b)は整数
よって偶数と奇数の和は奇数である

「偶数と奇数を足したら奇数になる」というのは、ほぼ全員がわかったよね。でもいざ証明するとなると、えらく難しいと思わない？　今のセンター試験ではこういう証明の問題はやらないから、みんな苦手になってしまうんだ。これは中学のときにやる内容だけど、国立情報学研究所の新井紀子先生が書いた『ＡＩ vs. 教科書が読めない子どもたち』（東洋経済新報社、２０１８年）によると、実は大学生で、この問題に正答できる人は34％ぐらいしかいません。理科系の学生でも、46〜47％くらい。

この証明はよく間違えて、偶数を2a、奇数を2a＋1としてしまう。これがどうして間違いかというと、これでは連続した偶数と奇数に限定されるから。「連続する偶数と奇数の結果がつねに奇数となることを証明しろ」というなら、それでいい。ところが「任意の」という場合は、2aと2b＋1にしないといけない。これが論理です。この論理の考え方は、実は他のいろんな

勉強の元になっています。

たとえば現代文は、勉強の仕方がわからないから何もしない、という人が多いんじゃないか。でも現代文も数学と同じで、論理の勉強をきちんとやっていれば、センター試験の国語で85％は絶対取れる。現代文の試験を作問する、つまり問題を作る側から考えると、人によって読み方が違うような文章は試験に出せない。だから必然的に、入試に出る現代文は論理的な文章になる。これは古文でも英語でも同じです。

ちなみに現代文の参考書でいちばんいいのは、出口汪《でぐちひろし》さんの『現代文講義の実況中継』（語学春秋社、１９８８年〜）というシリーズです。私が知っている例でいうと、浦和高校の生徒で、駿台全国模試の現代文の成績が３５０人中３４７番だった生徒が、そのテキストを使って2ヵ月勉強したら、学年で3番になった。それぐらい役に立つ参考書です。それから、論理を勉強すれば、理科や社会も成績が上がります。

論理をめぐる二つの考え方

佐藤　論理で物事を理解していくという考え方は、実は近代になってからの思想です。中世においては、真理というのは目に見えないもので、直観的に理解するものだった。それが、物事を分割して理解するという考え方に変わるのが、近代以降なわけです。

1789年に、ヨーロッパで歴史的な大事件があったよね？　そう、フランス革命です[*9]。1789年のフランス革命で始まった新しい時代は、1914年の第一次世界大戦の勃発まで続く。この時代は、理性の時代であり、論理の時代なんです。

「左翼と右翼」というのはどこから出てきたか、知ってる？　フランス革命のとき、議長席から見て左側に座っている人たちが「左翼」と呼ばれた。左翼の人たちは理性と論理を信頼する。正しい情報をもとに論理的に考えるならば、結論は一つになるはずだ。だから結論に向かって設計図を引き、理想

9―フランス革命
1789年に起こったフランスの市民革命。絶対王政を倒し、特権階級が支配する前近代的な社会体制を変革して市民社会を樹立した。

的な社会をつくっていくことができる、という考え方の人たちです。

それに対して、議長席から見て右手に座っている人は「右翼」と呼ばれた。この人たちは理性を完全には信頼していない。人間は理性や論理だけで割り切れる存在ではない。それぞれ生まれた環境によって文化的な背景が違うし、人にはみんな偏見がある。いくら理屈が通っても、あいつが言うことは聞きたくないっていう偏見は意外と大きい。それだから、理性的に議論しているつもりでも必ず複数の結論が出てくるし、そのうちどれが正しいとは言えない。だから、いろんな見解があることをお互いに認める「寛容の精神」が重要だというのが、実は保守思想・右翼思想の考え方の基本です。また彼らは、教会とか職能組合とか、昔から続いているものには、きっと人間の理性や論理を超える知恵があると考えて尊重する。

このように世の中には、論理を重視する考え方と、論理を超えた世界を重視する考え方の両方がある。ところが、このいずれの世界においても、論理は基本的な前提になっている。論理ですべて割り切れると考えるか、論理だけじゃないと考えるか、という違いなんです。

予備校の授業と高校の教育がどう違うかといえば、その意味では予備校は論理的で、合理主義的だと言える。この生徒にはこの程度の学力があるから、こうやって補強したらこれだけの成果が出ると。学力を上げるためには、合理主義的な考え方は確かに重要です。

しかし教育というのはそれだけじゃない。教育、エデュケーションというのは、引っ張り出すという意味だね。教育のポイントは何かと言うと、生徒の一人一人には、一人一人の適性がある。それを最大限、引っ張り出すのが教育であり、先生の仕事なんです。

だから、生徒が心を閉ざしてしまって、この先生とは話をしたくないと思うなら、それは教育としては失敗しているわけです。心を開いて信頼しているから引っ張れる。その生徒の将来に向けたアドバイスができる。

たとえば、久米島高校から大学へ行くなら、AO入試か推薦のほうが有利です。私もできるだけ推薦・AOを使えって勧めるよ。ただそれと同時に、推薦対策だけやっていると、将来、就職段階で苦労する。だから学校の勉強もまじめにして、センター入試の勉強もしておいたほうがいい。こういうアドバイスは、お互いに信頼関係がないと言えないわけです。

知っておくべき「大学とお金」の話

佐藤　もう一つ、学校ではあまり教えないけど、大学進学するに当たって考えておかなければいけないのは、お金の話です。

国公立大学に行く場合、授業料は年間53万５８００円、施設費も入れて60万円弱かかる。私立大学の場合は文科系で１００万円、理科系なら１５０万円くらい。理科系の場合はほとんどが修士課程まで進むから、私立の理科系に通った場合は、大学院までで大体９００万円ぐらい必要になる。

それにプラスして、東京あるいは京阪神の場合でいえば、生活費が月に８万円ぐらい。これを全部アルバイトで賄うのは無理だから、親がある程度の経済的な支援をしてくれる前提がないと、経済的な部分がネックで大学を続けられなくなる。これがいちばん不幸です。

10　日本学生支援機構の奨学金　利用者が最も多い奨学金制度の一つ。独立行政法人日本学生支援機構が、経済的理由で修学が困難な学生に学費を「貸与」または「給付」する制度。大部分を占める「貸与」型は利息の付かない第一種奨学金と、利息の付く第二種奨学金がある。採用されると卒業まで毎月貸与され、貸与終了後の返還期限猶予は原則10年間。２０１７年度の採用者は「第今の日本の大学は学費の高騰が大きな問題になっています。この流れが続くと、普通の家庭の子どもが私立大学に行けなくなってしまう。私が特別顧問をしている同志社大学でも、学費が払えないために途中で退学せざるを得なくなる学生がいます。日本学生支援機構[*10]の奨学金で月に12万円まで貸してくれるけど、これを奨学金というのはおかしい。返さなければいけないお金だから、貸付金というべきです。学生たちは年間150万、大学の4年間で600万円近い借金を背負って社会に出ていく。大学院に行けば借金はさらに増えて、1000万円を超える学生も少なくない。これは尋常ではない額です。しかも日本の場合は、働き始めたら1年目から返さないといけない。

本当はあまりこういうことを考えずに勉強できるのが理想だけど、進学するなら、お金のことは考えておいたほうがいい。私立大学でも、たとえば自治医科大学[*11]は、医大だから6年間の授業料が2300万円ぐらいかかるけど、卒業後に9年間、地方医療に従事すれば全額免除されるシステムがある。埼玉県の場合ならば卒業後、県の指定する特定の場所に9年間勤務すると、奨学金の返還を一切免除してくれる。

一種」が約52万人、「第二種」が約77万人。

11―自治医科大学

1972年、へき地医療と地域医療の充実を目的に設立された。入学金などの修学資金は大学から貸与され、卒業後直ちに出身都道府県に戻り、修学資金の貸与を受けた期間の2分の3に相当する期間（一般的には9年間）、知事の指示に基づいて出身都道府県内の病院、診療所や保健所などに勤務す

沖縄でいえば、名護《なご》市にある名桜大学[12]は今、志願者が増加しています。名桜大学の学生は5割が本土から来ていて、親からの仕送りが1円もない学生が4割くらい。学生の8割がアルバイトをしていて、彼らは若年労働力として地域で求められている。それに東京だったら家賃7万~8万円ぐらいのアパートが、名護なら3万円ぐらいで借りられる。だからアルバイトしながら自力で卒業することができるんです。

それから、この中で留学を考えている人はいる？　たとえばアメリカやカナダの大学に留学すると、授業料が1年間で600万円くらいかかる。ところが名桜大学は、公立大学だから授業料53万5800円を払えば、カナダの沖縄コミュニティが強い大学の学費が免除される。そういう制度が県ごとにいろいろあるから、ぜひよく調べて活用してください。

自分が嫌いなことは覚えられない

ることにより、返還が免除される。

12―名桜大学
1994年に名護市を中心とした12市町村により公設民営方式の私立大学として設立され、2010年公立大学になった。2018年5月現在、アメリカやカナダなど16ヵ国1地域38大学と国際交流協定を締結し、学生は在籍したまま協定大学に留学できる。

佐藤　私は以前、早稲田大学と慶応大学で教えたとき、1回目の授業で必ず歴史の試験をやりました。早稲田は政経学部の3年生、慶応は総合政策学科の大学院生に、真珠湾奇襲とか広島への原爆投下、二・二六事件とかウェストファリア条約[*13]とか、歴史の年号の問題を100題出す。

早稲田の政経といえば、日本の私立大ではいちばん難しい学部だよね。その学生が、平均点は何点ぐらいだと思う？　100点中、5・0点なの。慶応の大学院生は4・2点。広島の原爆投下は1985年とか、二・二六事件は1960年とか、恐ろしい答案を山ほど見せられて、頭が痛くなった。

しかしこれはショック療法なんです。「君たち、ひどい状態だと思わないか？　なんでこうなったか、説明してやる。君たちはなんで早稲田の政経に来た？　親や先生にほめられたかった、クラスメートにデカイ顔をしたかった。そういう理由だろう？　それで、数学は不得意だったろう？　だから東大は無理だと思って早稲田に特化したんだろう」と。そうすると、みんなうなずくわけ。それから、「みんな受験勉強は大嫌いだったろう？　こんな勉強しても役に立たないと思ってただろう？」と言うと、みんなうなずく。

13　ウェストファリア条約
1648年、ドイツとフランス・スウェーデンとの間に結ばれた三十年戦争の講和条約。これにより長年続いた国際的な宗教戦争が終結し、神聖ローマ帝国は事実上分裂してヨーロッパの主権国家体制が確立した。近代国際法の元祖と言われる。

人間は、自分が嫌いで役に立たないと思っていることは記憶に定着しない。しかし、1648年はウェストファリア条約が締結された年だと知らない人は、外交官とか国際ジャーナリストになる資格はない。この条約によって、国際関係は宗教ではなく国家によって動くようになった。つまり1648年というのは、近代的な国際法が初めてできた、きわめて重要な年号なんだ。

株をやっている人は、自分が買っている株とか周辺の株の値段を全部わかってる。先物取引をやっている人は小豆《あずき》の値段にえらく詳しいし、世界の気象状況にまで通暁《つうぎょう》している。それがみんな記憶に定着している。どうしてかというと、自分の利益がかかっているから。

だから私にできることは、歴史の節目になる年号を覚えることが、君たちの将来にとってどれほど重要かを教えることだ。そう言うと、みんなそこから勉強し直して、3週間後に再試験をやると95点ぐらいの平均点になる。学生から今でも時々メールをもらうよ。「あのとき、ああやってショックを与えてもらってよかった。頭への入り方が全然違った」と。

だから大学に入る時点で面倒な科目をすり抜けて、その後も試験を適当にこなせればいいと思っていたら、何の知識も定着しない。みんなはそのことをよく覚えておいてほしい。

では次の授業では、歴史から私たちは何を学べるかを考えていきましょう。

第2部

歴史から何を学ぶか

母が経験した沖縄の戦争

佐藤　ここで少し、私自身について話をしたいと思います。

私は久米島で生まれたわけではありませんが、この島には縁がある。それは私の母親が久米島出身だからです。久米島高校ができたのは1946年、昭和21年だね。戦前までの久米島には小学校しかなかったから、小学校を出ると、進学する人はみんな本島へ渡っていった。戦後、久米島の教育をなんとかしようということで、戦争で生き残った先生たちが糸満《いとまん》高校の久米島分校を作った。それが久米島高校の前身で、私の母親はその第2期生です。

私は埼玉県の大宮（現在のさいたま市）という海のない土地で育ったけど、私が母親から聞く話には、いつも海が出てきた。海岸ではタコが捕れて、その向こうではクジラの兄弟が泳いでいて、潮を吹いている。それから、家の横に大きなガジュマルの木があって、そのガジュマルの木には、妖怪キジムナーの一家が住んでいる。そういう話を、子どものころから聞かされていた

1―北大東島《きただいとうじま》
沖縄本島から約360キロ、沖縄最東端に位置する。1903年に開拓が始まり、燐《りん》鉱石の採掘やサトウキビの栽培などで多くの出稼ぎ労働者が集まった。

2―沖縄大空襲
太平洋戦争後期の1944年10月10

わけです。高校2年生のときに初めて久米島に来て、西銘《にしめ》にある母親の実家があった場所（現在は牛小屋になっています）に立ったときパッと見た景色は、母親から聞いていたとおりの景色だった。

母親は1930年（昭和5年）に、私のおじいさんが出稼ぎに行っていた[*1]北大東島で生まれて、生後すぐに久米島に戻ってきた。ところが子どものころ久米島で小児まひが流行《はや》り、母も感染して、右手の薬指と人さし指が動かなくなってしまった。当時、久米島の女性はみんな農家の嫁になった。でも右手が利《き》かない娘は農家の労働に耐えられない。そこで、「この子は成績もいいから、女学校で勉強したほうがいいんじゃないか」ということになって、戦争中の昭和18年、1943年に沖縄本島の、当時の昭和高等女学校に入ったわけです。

当時の女学校は4年制で、母親が2年生だった1944年10月10日に、那《な》覇《は》市で[*2]大きな空襲があった。空襲の後、生徒全員が校長先生に呼ばれて、3年生と4年生は[*3]学徒隊に入りなさいと言われた。母親の先輩たちは「梯梧《でいご》学《がく》徒《と》隊《たい》」という学徒隊に入り、県立一中と師範学校は「鉄血勤皇隊」、女子師

日、アメリカ軍機動部隊が南西諸島全域に行った大規模な空襲。軍事施設とともに市街地の約90％が焼失し、民間人に甚大《じんだい》な被害を出した。

3　学徒隊

沖縄戦では10代の学生たちも戦場に動員された。女子は沖縄陸軍病院（戦後「ひめゆり学徒隊」と呼ばれる）など、男子は「鉄血勤皇隊」などに約2000人が動員され、犠牲者はその半数に上った。

範と第一女学校は「ひめゆり学徒隊」に入った。

昭和女子高等学校の校長先生から1年生と2年生は親元に帰れと言われたけど、久米島に帰る船は全部焼かれてしまったから、故郷に帰るすべがない。母親の姉が、当時沖縄にいた第62師団[*4]の軍医司令部に勤めていて、妹が困っていると軍の幹部に話したら、異例ながら軍属という、軍の職員として雇ってくれた。それだから、私の母親は辞令と給料をもらって、たぶん久米島出身の女学生ではたったひとり、日本軍の軍属になったんです。

14歳だった母親は沖縄戦[*5]に従軍して、特に浦添《うらぞえ》の裏側の前田高地の戦闘では、すごい激戦を経験した。入っていた壕《ごう》の中に米軍のガス弾が投げられたとき、母はすぐガスマスクを鼻につけて助かったけど、ガスマスクを着け遅れた人は死んでしまった。母親もそのとき少しガスを吸ったから、戦後はよくぜんそくの発作を起こして苦しんでいました。

その後、母親は軍からの命令を受けて摩文仁[*6]に向かう途中で姉とははぐれてしまい、夜にひとりで摩文仁に着いたら、アメリカの照明弾がひっきりなしに落ちてきて、昼間みたいに明るい。海岸にはアメリカの船が70も80も並ん

4―第62師団
大日本帝国陸軍の師団の一つ。1944年8月、第62師団は沖縄に転用され第32軍に属した。

5―沖縄戦
1945年4月、アメリカ軍が沖縄本島へ上陸し、多数の住民を巻き込んだ地上戦により20万人以上の犠牲者を出すとともに、日本軍による集団自決強制などの悲劇を生んだ。

でいて、おなかが風船のようにメタンガスで膨れた死体がたくさん上がっていた。

ちなみに首里《しゅり》から摩文仁に向かうときに、母親は陸軍の下士官から手榴弾《しゅりゅうだん》を二つ渡された。アメリカ軍に捕まったら女は裸にされて暴行されて、その後カミソリで耳をそがれて鼻をそがれて、最後は目をえぐり取られる、それはひどい殺され方をするから、日本の女だったら、きちんと自決しろと。手榴弾の一つが不発だったら、もう一つで自殺しろ、もし二つとも爆発しなかったら舌を噛《か》んで死ねと、その下士官は言ったそうです。

摩文仁で母親は兵隊たちと、天然のガマ[*7]に隠れていた。お手洗いや水をくみに行くときは順番に出ていって、もし米兵に見つかったら、その場で自決するか、ガマには戻らず別の場所に行くという約束だった。ある日、母親が水くみの当番で井戸に行ったら、上のほうから二人、下士官が下りてきた。彼らは、「我々は牛島[*8]（満）司令官と長《ちょう》（勇《いさむ》）参謀長の当番兵です」と名乗って、司令官から「俺たちはこれから自決するから、貴様らは外に出ろ」と言われたとのことだった。6月23日の「慰霊の日」は牛島満司令官が自決して

6―摩文仁《まぶに》
沖縄本島南端、現在の糸満市南東部。沖縄戦の日本軍司令部が置かれた最後の地で、激戦の舞台となった。

7―ガマ
沖縄本島南部に多く見られる自然洞窟。沖縄戦では住民や日本兵の避難場所、野戦病院として利用された。

8―牛島満《うしじまみつる》
1887年～1945年。陸軍の軍

沖縄の組織的な戦闘が終わった日ということになっているけど、実は6月22日に立てられた卒塔婆《そとば》が残っているから、歴史的には6月22日が正しい。その6月22日の未明に、私の母親はそこで当番兵たちと会ったわけです。

その後、数週間、壕に隠れていたら、ある日米兵に見つかってしまった。外からは暗い壕の中は見えないから、入り口に立った若い米兵が自動小銃を持ってブルブル震えている。その横に下手くそな日本語をしゃべる、ハワイ[*9]から来た日系兵がいた。その日系兵が、「出てきなさい。殺しません、出てきなさい」と壕の中に呼びかけた。母親は必死で手榴弾のピンを抜いた。壕のサンゴに手榴弾の信管を当てれば、3秒から6秒で爆発する。でもそこで一瞬、手がかじかんでしまった。そのとき横にいた伍長《ごちょう》が、「死ぬのは捕虜になってからでもできる。まずここは生き残ろう」と母親を諭して、両手を挙げた。それで母親は生き残ったんです。

戦後、母親は今の辺野古《へのこ》にあった琉球人収容所に入り、そこから久米島へ帰って糸満高校久米島分校の第2期生に編入し、皆さんの先輩になったわけです。

人。第32軍司令官として沖縄戦を指揮したが1945年6月23日、摩文仁の丘で自決。これにより沖縄戦が終結した。同日は戦後、「慰霊の日」と定められた。

9 ハワイから来た日系兵　沖縄戦にはアメリカに移住した沖縄出身の日系人2世が通訳兵として従軍し、地元住民に投降を呼びかけた。

学校では教えない歴史がある

佐藤　だから私の母親の戦争観というのは、普通の沖縄戦を体験した人とはちょっと違う。沖縄戦を民間で体験した人たちは、日本軍にひどい目に遭った記憶がある。私の母親も、方言でしゃべった沖縄の人間が「お前はスパイだ」と殴り倒される様子を見たことがある。その他にも、ひどいことをした日本兵をたくさん見ている。ただ同時に、弾が飛んでくると母親の身体の上にかぶさって守ってくれた日本兵もいた。

一方、私の父親は東京大空襲の生き残りで、戦後、東京では仕事がないから、嘉手納《かでな》基地を建設する技師として沖縄に来た。そこで母親と出会って結婚して、夫婦で本土に行くことになるわけです。

うちの父親と母親はすごく教育熱心で、高等教育はきちんと受けておくべきだという考えが強かった。なぜなら戦争中の経験から、国もマスコミも、いざとなったときに本当のことを言わない。ギリギリのところで助けてくれるのは自分の持っている知識だ、だから特に高等教育が重要だと考えたんです。

戦争中、母親のいた医療部隊には、東京外事専門学校、今の東京外国語大学出身の通訳兵がいた。その兵隊が母親に耳打ちして、「戦争中でも守らなければいけない法律があって、女、子どもは絶対に殺さないし、暴行を加えてもいけない。アメリカ軍はその法律を守る。だから捕虜になれ」と教えてくれた。それから、母親を軍に雇ってくれた大尉は沖縄戦が始まる前にチフスで死んでしまうんだけど、その前に母親を呼んで、「この戦争はもう負けるぞ。でも、あんたはどんなことをしても生き残れ。そして、いい男を見つけて子どもを作るんだ。こんな戦争に負けたぐらいで日本は滅びない」と言った。戦争中も知識がある人には、全体の情勢が見えていたんです。

このように、学校で教える歴史とは別に、私たち一人一人がもっている歴史がある。それはお父さん、お母さんがもっている歴史だし、おじいちゃん、おばあちゃんがもっている歴史でもある。久米島には沖縄本島とはまた違う歴史があるし、本土から来ている人も、自分たちのお父さんお母さんが、いろんな歴史をもっている。そして本土から来た人は、ここで異質な歴史と触れることによって、歴史に関する見方の幅を少し広げることができると思う。

時間について――クロノスとカイロス

佐藤　ここからは、歴史について、普段とはちょっと違うアプローチで考えていきます。
歴史の基本になるのは、「時間」の考え方です。時間ってなんだろう？

生徒　人に与えられた有限なもの。

佐藤　うん、でも有限なものと言ったら自分の能力だって有限だし、生命だって有限じゃない？

生徒　自分の力では止められないもの。

佐藤　うん、でもさ、恋愛だって、こんな人を好きになっちゃいけないと思ってても止められない。他にも自分の力で止められないことってあるよ。

生徒　みんなに等しく与えられたもので、不可逆性をもつもの。

佐藤　古代キリスト教の有名な理論家であるアウグスティヌス[*10]は、時間について、こう言っています。

> いったい時間とは何でしょうか。誰も私に尋ねないとき、私は知っています。尋ねられて説明しようと思うと、知らないのです。
>
> ――『告白』第11巻14章

佐藤　時間の考え方は、一つではありません。

たとえば、大みそかにテレビで「紅白歌合戦」をやるよね。私は見ていてちっとも楽しいと思わないけど、あれは実は、一種の宗教行事なんだ。さんざんお祭り騒ぎをした後、11時45分になったら一転して静かになって、鐘の音がゴーンと鳴って、アナウンサーの口調も変わる。これは「カオス＝大混乱」を創り出して、その後に「コスモス＝秩序」を創るという創造の儀式で

*10 アウグスティヌス　354年～430年。ローマ帝国末期のキリスト教の教父。『告白』『神の国』などを著し、ローマ＝カトリック教会の理念を確立した。

す。日本ではそれを毎年繰り返していく。

でも西欧人にとって新年は特別なものではなくて、また一つ年が改まる積み重ねでしかない。新年になると気持ちが新たになって、今年一年またしっかりやろうと思うのは日本的な特徴です。日本では季節ごとに変化があり、それが毎年繰り返される。だから日本人の時間感覚、日本人の歴史観は円環をなしている。

一方、今、世界で主流になっている時間感覚は直線です。時間は一方向に流れていき、始まりがあって終わりがある。実は「歴史」という考え方も、それと強く結びついています。英語で時間はタイムだよね。直線的に流れていく時間がタイムで、これをギリシャ語では「クロノス」という。それに対して、あることが起こる前と後では意味が変わる、という時間がある。これはギリシャ語で「カイロス」といって、英語だとタイミング。「タイミングがよくない、タイミングがいい」という、これがカイロスです。（図1）

カイロスは誰もがもっている。たとえば、みんなにとって今のところ最大のカイロスは誕生日です。生まれてこなければ君はこの世にいないんだか

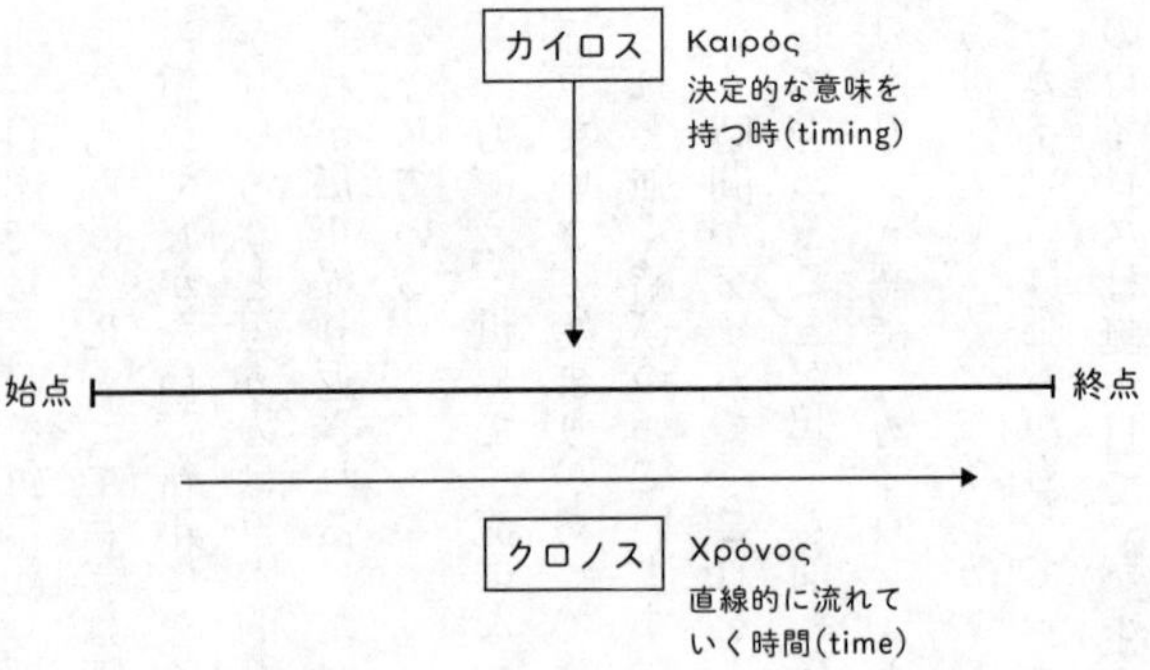

図1　クロノスとカイロス

ら、その日付は重要だよね。それからみんな、恋愛したことある？　恋愛して初めて彼とか彼女とデートをしたら、その前と後の君は違う。だからその日は、君にとってのカイロスになる。ただし、初恋は絶対うまくいかないからね、それで失恋をした後の君は、失恋する前の君とはまた違う。

そうやって人生の節目がいくつもある。そういう節目がカイロスで、歴史にも重要な節目となるカイロスがあるわけです。

11―ポツダム宣言　1945年7月26日、アメリカ、イギリス、中国（のちソ連も参加）が発表した日本に対する降伏勧告宣言。終戦の条件として軍国主義の除去、領土の制限、日本の民主化、武装解除などを挙げた。日本は8月14日に受諾。

歴史は解釈によって変わる

佐藤　みんな、8月15日は何の日？　そう、終戦記念日だよね。だけどこれは、国際法上は何の意味もない日付です。

　1945年8月14日に日本は連合国側に「降伏します」と伝えて、ポツダム宣言[*11]を受諾した。この日付は国際法的に意味がある。それに対して8月15日というのは、その事実を天皇が国内に向かって伝えただけです。でも日本の国内において、当時天皇というのは神様の地位にいたから、ものすごく大きな意味があった。国際法的には、同年の9月2日に東京湾内に停泊するミズーリ号というアメリカの戦艦の上で、日本政府の代表が連合国政府の代表の前で降伏文書に調印して、戦闘が終わった。ただ、これはまだ終戦ではなくて停戦です。その後、1952年の4月28日にサンフランシスコ講和条約[*12]が発効し、正式に戦争が終わった。

　こういう日付はみんな、その前と後とでは決定的に違うという意味のカイ

12　サンフランシスコ講和条約（対日講和条約）
日本と連合国（ソ連、ポーランド、チェコスロバキアを除く48ヵ国）の間で結ばれた講和条約。1951年9月8日調印、1952年4月28日発効。これにより日本は主権を回復する一方、朝鮮半島、台湾、南樺《から》太《ふと》、千島などの放棄が明記され、沖縄、奄美《あまみ》、小笠原《おがさわら》諸島《しょとう》はアメリカの占領下に置かれた。

ロスです。

じゃあ、1945年の8月15日に、タイムマシンでソウルに行ったとしよう。きっと韓国の人はみんな泣いていたよ、戦争に負けたと言って。当時は朝鮮も台湾も[*13]大日本帝国の植民地で、彼らは日本の臣民《しんみん》という考え方だった。国からお給料をもらっている国家公務員を「臣」、一般人を「民」と言うから、「臣民」というのは全部含めて国民ということです。当時、臣民には「内地臣民」と「外地臣民」の2通りがあって、植民地の人のことを外地臣民といった。当時のソウルの人たちは大日本帝国の外地臣民だから、8月15日には日本の敗北をみんな悲しんでいたわけです。

ところが8月17日になると、朝鮮が独立するという情報が入ってくる。するとみんな「マンセー(万歳)」と大喜びして、韓国では8月15日は光復節という大きなお祭りになる。光が復活した日、日本の植民地支配の闇から復活した日だと。でも実は8月15日の時点ではみんな泣いていたんだ。こういうふうに見ると、歴史は解釈で変わってくることがわかる。

13 大日本帝国の植民地
「大日本帝国」は江戸時代末期から1947年の日本国憲法施行まで使用された日本の国号。最盛期には現在の日本の領土に加えて台湾、南樺太、朝鮮半島、関東州、南洋諸島などを外地（植民地）として統治した。うち朝鮮半島の統治は1910年8月29日の韓国併合から1945年9月9日の朝鮮総督府による対連合国降伏まで続いた。

消えた「英雄」のエピソード

佐藤　だから、単なる知識としての歴史には意味がない。たとえば７１４年、和銅7年に何があったか。平安時代に編まれた『続日本紀』[*14]という歴史書には、南方にある球美《くみ》の国から奈良に使節が来たという記録があります。これは久米島の代表団だと考えられているから、久米島の人は、自分たちは琉球王国より早く奈良とコミュニケーションをとっていたと誇りにしている。だから我々にとって、７１４年というのは単なる年号じゃなくて、一つのカイロスとして重要な年なんです。

あるいは、「久松五《ひさまつご》勇士《ゆうし》」って聞いたことある？　１９０５年[*15]に日本がロシアと戦争したとき、日本はまず、ウラジオストックと旅順に基地をもつロシアの極東艦隊を全滅させた。ところがその後、バルト海にいたバルチック艦隊が、アフリカの喜望峰を回って日本まで攻めてきた。さあどこから来るか。それを日本の大本営は全力を挙げて調べていたけど、わからない。とこ

14 ─『続日本紀《しょくにほんぎ》』　『日本書紀』に続いて編纂《へんさん》された勅《ちょく》撰《せん》の歴史書。全40巻。７９７年（延《えん》暦《りゃく》16年）に完成し、６９７年（文武天皇元年）から７９１年（延暦10年）までの95年間を編年体で叙述する。

15 ─ 日本とロシアの戦争（日露戦争）　１９０４年～１９０５年、満州と朝鮮半島の支配権をめぐって日本とロ

ろが、1905年5月23日、宮古島付近の沖合で、今まで見たこともないたくさんの船が黙々と煙を吐きながら北上しているのが見えた。当時、宮古島には無線がなかったから、130キロ離れた石垣島まで、5人の若者が15時間サバニ（小舟）をこぎ続けてたどり着いて電信を打った。

実は当時、この話は大して話題にならなかったんです。ところが昭和に入ってから、「沖縄には命がけで国のためにがんばった青年たちがいた」という話で「久松五勇士」は教科書にも載って、郷土の英雄として有名になった。戦後は消えてしまったけど、もし今後、ロシアと日本の関係が緊張したら、また「久松五勇士」が出てくるかもしれません。

そういうふうに、歴史というのは時代によって、ある話に光が当たったり、ある話は消えてしまったりするわけです。

差別はなぜ生まれるのか

シアが争った戦争。日本軍は旅順攻撃、奉天会戦、日本海海戦で勝利を収めたが軍事的・財政的に限界に達し、ロシアは第一次ロシア革命が勃発したため戦争終結を望み、アメリカ大統領セオドア・ルーズベルトの斡旋《あっせん》により1905年ポーツマスで講和条約を結んだ。

16 普天間《ふてんま》の海兵隊　沖縄県宜野湾《ぎのわん》市にあるアメリカ海兵

佐藤　じゃあ、沖縄にとって8月15日は何か意味があるか？　ないよね。沖縄で意味があるのは、6月23日の沖縄慰霊の日です。でも久米島の戦争は6月以降も続いたし、むしろ8月15日以降、久米島では日本軍による様々な事件が続く。だから久米島にとっては6月23日もあまり意味がない。

ただし1952年の4月28日は意味があります。その日までは、日本中が平等にアメリカの占領下にあった。ところが1952年4月28日以降は、沖縄と奄美と小笠原はアメリカの占領下に置かれて、残りの地域が独立した。このときから沖縄と本土の間で、法的な地位の違いができたわけです。

1952年にサンフランシスコ平和条約が発効したとき、沖縄と本土におけるアメリカ軍基地の比率は、沖縄が10%、本土が90%だった。では1972年に沖縄返還が実現したとき、基地の比率はそれぞれ何%だったと思う？　このときは沖縄が50%、本土が50%。グーッと本土の比率が減って、沖縄の比率が上がっているわけ。

ちなみに今問題になっている普天間[*16]の海兵隊というのは、実はもともと沖縄にはなかった。あれは1950年代に岐阜県と山梨県から来たんだ。

隊普天間飛行場。1995年、アメリカ兵による少女暴行事件をきっかけに基地の返還・縮小を求める運動が広がり、1996年、基地返還に日米が合意。2010年、移転先が名護市辺野古に決定したが、2014年の県知事選で辺野古新基地の建設中止を掲げる翁《お》長雄志《ながたけし》が当選。同氏の急逝を受けた2018年の県知事選でも反対派の玉城《たまき》デニーが当選し、建設を進める国と県との間で対立が続いている。

じゃあ現時点において、沖縄と本土の基地比率はどうなっている？　そう、70対30だよね。基地の70％が沖縄にあって、本土にあるのは30％だ。沖縄の陸地面積は日本全体の0・6％しかないのに、そこに70％の基地がある。この状況は不平等だよね。沖縄はそれを問題にしているわけです。沖縄が安全保障上の貢献をしたくないとか、沖縄は左翼思想が強いから基地に反発しているとかじゃなくて、いくら何でも不平等じゃないかと。

こう考えてみよう。日本には47都道府県があるから、一クラス47人学級だとしよう。みんな、学校でトイレ掃除の当番はどうしている？

生徒　ローテーションです。

佐藤　ローテーションでいえば、1952年には沖縄君は1ヵ月のうち3日間トイレ掃除をやっていた。1972年になったら2週間が沖縄君のトイレ掃除の番になった。それで今は、3週間が沖縄君のトイレ当番なんだ。そこで学級会で多数決をとる。「沖縄君が3週間トイレ掃除をしていることをどう思いますか？」と聞くと、沖縄君以外の全員が「これでいいと思います」と言うわけ。みんなトイレ掃除をしたくないから、多数決を何度繰り返しても賛成に手を挙げる。理由は「沖縄君の席はトイレにいちばん近いから」って。

これと同じことを今、国の政治レベルでやっているわけです。それを意地悪でわざとやっているなら修正できるけど、無意識のうちにやっている。みんな、昔は自分たちの国のあちこちに基地があって、基地犯罪が多発していたこと、岐阜と山梨には海兵隊があったことを忘れちゃったんだ。人間は自分にとって都合が悪いことは早く忘れる。だから、これは構造化された差別、すなわち当事者が意識していない差別の問題なんです。

サバイバルに必要なのは「総合知」

佐藤　でも実は、その構造はあらゆるところにある。私は今、灘高をはじめいろんな名門校の生徒たちに授業をしています。彼らは優秀で、将来は官僚になったり、大新聞の記者になったりすると思う。ただみんな同質的な環境にいるから、自分たちと異なる環境にいる人たちの気持ちになって考える機会があまりない。先生や親たちはそれをわかっているから、私みたいな人間に会わせて、たくましく生き抜く力を学ばせようとしているんだと思う。でもサバイバルする力ということなら、同質的な環境の中で育った同世代の人たちより、みんなのほうが持っているよ。これはとても大事なことなんだ。

『母なる海から日本を読み解く』（新潮文庫、２０１２年）という本でも書いたけど、久米島はもともと、教育の島です。正規の小学校ができる前から島のあちこちに小さな学校があって、学問を非常に重視してきた。その場合の「学問」というのは、難しい大学に入ることじゃない。自分たちがこれからの人生で様々な問題に出会ったとき、生き残っていくために使える、いろんな知識を身につけることなんだ。

たとえば都会では、スーパーマーケットで唐揚げを買っても、その鶏がどういうふうに育って、どうやって我々の食卓に上がってくるかがわからない。その背景に命があることがわからない。その鶏を飼っている人たちはどうやって生活しているかがわからない。この島でみんなが、自分たちで鶏を飼って、自分たちでそれをつぶして、鶏の命を体験することも立派な教育なんです。そのような、生きるための総合的な知識、「総合知」を付けていくことが、これからすごく重要になってくる。

久米島の歴史が教えてくれること

佐藤 久米島が生んだ大秀才である沖縄学者の仲原善忠[*17]は、1940年に『久米島史話』という歴史の本を書きました。

沖縄本島と中国の間に位置する久米島は古くから中国とも日本とも貿易を行って、「球美の国」と言われた。でもそれは国家というより島の人みんなの共同体で、みんなで選んだリーダーが長になっていた。だから過酷な税金を納める必要もなかったし、すごく大きな家もなく、みんな同じような家に住んでいたんです。

ところが15世紀の初めに、沖縄本島での勢力争いに敗れた按司《あじ》、日本風に

17―仲原善忠《なかはらぜんちゅう》 1890年～1964年。沖縄を代表する歴史および地理の研究者。久米島出身、広島高等師範学校を出て東京・成城高等学校の経営に参加。戦後、沖縄人連盟会長、沖縄文化協会会長などを務める。古歌謡「おもろ」の研究に尽くした。

言えば大名が軍団を連れて久米島にやってきて、島の支配者になった。このとき久米島の土着のリーダーだった「堂のひや」は、新しい支配者と争わず、島内の税金を代わりに徴収する仕事を請け負って信頼を得る。

按司たちはそれまでの久米島になかった築城技術をもっていたから、立派な石垣を組んだ中城城《なかぐすくじょう》（現・宇江城《うえぐすく》）を建てた。でもこの城は外敵に対する備えというより、久米島の民衆を恐れたせいらしい。按司は島民から年貢《ねんぐ》を召し上げていたから、反乱をおこして襲い掛かってくるのを恐れたわけだ。16世紀になると沖縄本島の琉球王国[*18]に尚真王《しょうしんおう》という強い王様が現れて、久米島に攻めてきた。攻められて城が陥落するとき、按司は自分の子を堂のひやに預ける。しかし堂のひやは預かった子の首を絞めて殺してしまう。そして自分が新しい按司になったんだけど、城に上がったとき落馬して死んでしまった。

仲原善忠は、久米島の英雄は堂のひやみたいな人だという。なぜかといえば、堂のひやはもともと、島の外から来た按司に従いたくて従っていたわけじゃない。按司たちが久米島の島民から過酷な税金を取り立てたり、ひどい

18―琉球王国
1429年、沖縄本島にあった北山、中山、南山の三つの王国を中山王が統一して琉球王国が成立。明《みん》（当時の中国）に朝貢し、日本と中国、東南アジア諸国との中継交易で栄えたが、1609年、薩摩藩により制圧され、1879年、明治政府による沖縄県設置により王国は廃止された。

目に遭わせたりしないために、間に入っていただけだ。つまり彼は知恵を働かせて、余計なケンカはせずに、島の安定を図った。そういう立派な指導者だったというわけです。

こうして久米島は琉球王国に統合された。そこで重要な役割を果たしたのが、久米島の神女である君南風[19]です。1500年に八重山で「オヤケアカハチの乱」[20]が起きたとき、琉球王国の尖兵《せんぺい》として鎮圧に当たったのが、久米島の君南風だった。君南風は現実の戦争が起こる前に八重山へ行って、まず神々の戦いを挑んだ。そして久米島の神々と八重山の神々が争った結果、久米島の神々が勝ったので八重山は抵抗を止めた、ということになっている。

これを現代的に翻訳すると、君南風は、八重山の人たちを説得したんだと思う。本島から強力な支配者が軍隊を連れてやってきたとき、久米島の民衆は基本的に抵抗しなかった。いわば「長い物には巻かれよ」という形で対応して、自分たちは生き残るという選択をした。たぶんそれを、石垣の人たちに伝えたんだ。強力な敵に対して、筋を通すとか、滅びの美学とか、そういうことに何の意味があるのか。どんなことをしても、まず生き残るのが先

19―君南風《チンベー》
琉球王国の神女組織三十三君の一人で、久米島全島のノロ（巫女《みこ》）を統轄する最高神女。

20―オヤケアカハチの乱
1500年、沖縄県八重山列島の石垣島で起こった反乱。八重山の首領オヤケアカハチは琉球王国への朝貢を拒否して反旗を翻したが首里軍に敗れた。

だ、だから戦いは避けようと。

仲原善忠は、戦前の軍国主義が高まっている時代に、あえて『久米島史話』を書くことで、久米島の若者たちに伝えたわけです。これからやってくる大変な時代に、我々はどうやって生き残ればいいのかと。

だから戦争中も、久米島の人々は日本軍に過剰に同化することなく、敗戦時に集団死のような悲劇を生み出すことがなかった。また戦後、久米島で起きた様々な事件に対してセンセーショナルな対応をしなかったのも、島の中に亀裂が入ることを避けるためだった。それは強大な国家に対して、小さな共同体が生き残るための知恵だと思う。久米島の歴史には、こういう知恵があふれているんです。

第3部

君たちはどう考えるか

ものの見方について

――『君たちはどう生きるか』を読み解く①

佐藤　これから、吉野源三郎[*1]という人が80年前（1937年）に書いた、『君たちはどう生きるか』という本をテキストとして読んでいきます。この本は漫画化されて200万部以上も売れて、日本中の人が読んでいる。だからみんなが那覇に行っても、東京に行っても、同じ世代の人たちに話をすれば通じるし、きっとAOとか推薦入試でも出る可能性が高いと思う。今日はこのテキストをもとに、一緒に考えていきましょう。「ものの見方について」というところを読んでください。

潤一君。

今日、君が自動車の中で「人間て、ほんとに分子みたいなものだね。」と言ったとき、君は、自分では気づかなかったが、ずいぶん本気

---

*1―吉野源三郎　1899年〜1981年。編集者、児童文学者。雑誌『世界』初代編集長。岩波少年文庫の創設にも尽力した。1937年に刊行された『君たちはどう生きるか』は2017年に漫画化されベストセラーとなった。

だった。君の顔は、僕にはほんとうに美しく見えた。しかし、僕が感動したのは、そればかりではない。ああいう事柄について、君が本気になって考えるようになったのか、と思ったら、僕はたいへん心を動かされたのだ。

ほんとうに、君の感じたとおり、一人一人の人間はみんな、広いこの世の中の一分子なのだ。みんなが集まって世の中を作っているのだし、みんな世の中の波に動かされて生きているんだ。

もちろん、世の中の波というものも、一つ一つの分子の運動が集まって動いてゆくのだし、人間はいろいろな物質の分子とはわけのちがうものなんだし、そういうことは、君がこれから大きくなってゆくに従って、もっともっとよく知ってゆかなければいけないけれど、君が広い世の中の一分子として自分を見たということは、決して小さな発見ではない。

君は、コペルニクス[*2]の地動説を知ってるね。コペルニクスがそれを唱えるまで、昔の人は、みんな、太陽や星が地球のまわりをまわっている

2―コペルニクス
1473年〜1543年。ポーランドの天文学者、聖職者。当時信じられていた天動説に疑問を持ち、地動説を唱えた。

と、目で見たままに信じていた。これは、一つは、キリスト教の教会の教えで、地球が宇宙の中心だと信じていたせいもある。しかし、もう一歩突きいって考えると、人間というものが、いつでも、自分を中心として、ものを見たり考えたりするという性質をもっているためなんだ。

ところが、コペルニクスは、それではどうしても説明のつかない天文学上の事実に出会って、いろいろ頭をなやました末、思い切って、地球の方が太陽のまわりをまわっていると考えて見た。そう考えて見ると、今まで説明のつかなかった、いろいろのことが、きれいな法則で説明されるようになった。そして、ガリレイとかケプラーとか、彼のあとにつづいた学者の研究によって、この説の正しいことが証明され、もう今日では、あたりまえのことのように一般に信じられている。小学校でさえ、簡単な地動説の説明をしているようなわけだ。

しかし、君も知っているように、この説が唱えはじめられた当時は、どうして、どうして、たいへんな騒ぎだった。教会の威張っている頃だったから、教会で教えていることをひっくりかえす、この学説は、危険思想と考えられて、この学説に味方する学者が牢屋《ろうや》に入れられたり、その書物が焼かれたり、さんざんな迫害を受けた。世間の人たちは、もちろん、そんな説をうっかり信じてひどい目にあうのは馬鹿らしいと考えていたし、そうでなくとも、自分たちが安心して住んでいる大地が、広い宇宙を動きまわっているなどという考えは、薄気味が悪くて信じる気にならなかった。今日のように、小学生さえ知っているほど、一般にこの学説が信奉されるまでには、何百年という年月がかかったんだ。

こういうことは、君も『人間はどれだけの事をして来たか』を読んで知っているにちがいない。が、とにかく、人間が自分を中心としてものを見たり、考えたりしたがる性質というものは、これほどまで根深く、頑固なものなのだ。

コペルニクスのように、自分たちの地球が広い宇宙の中の天体の一つとして、その中を動いていると考えるか、それとも、自分たちの地球が宇宙の中心にどっかりと坐りこんでいると考えるか、この二つの考え方というものは、実は、天文学ばかりの事ではない。世の中とか、人生とかを考えるときにも、やっぱり、ついてまわることなのだ。

子供のうちは、どんな人でも、地動説ではなく、天動説のような考え方をしている。子供の知識を観察して見たまえ。みんな、自分を中心としてまとめあげられている。電車通りは、うちの門から左の方へいったところ、ポストは右の方へいったところにあって、八百屋《やおや》さんは、その角を曲ったところにある。静子《しずこ》さんのうちは、うちのお向いで、三ちゃんところはお隣りだ。こういう風に、自分のうちを中心にして、いろいろなものがあるような考え方をしている。人を知ってゆくのも同じように、あの人はうちのお父さんの銀行の人、この人はお母さんの親類の人という風に、やはり自分が中心になって考えられている。

それが、大人《おとな》になると、多かれ少なかれ、地動説のような考え方になって来る。広い世間というものを先にして、その上で、いろいろなものごとや、人を理解してゆくんだ。場所も、もう何県何町《なにまち》といえば、自分のうちから見当をつけないでもわかるし、人も、何々銀行の頭取《とうどり》だとか、何々中学校の校長さんだとかいえば、それでお互いがわかるようになっている。

　しかし、大人になるとこういう考え方をするというのは、実は、ごく大体のことに過ぎないんだ。人間がとかく自分を中心として、ものごとを考えたり、判断するという性質は、大人の間にもまだまだ根深く残っている。いや、君が大人になるとわかるけれど、こういう自分中心の考え方を抜け切っているという人は、広い世の中にも、実にまれなのだ。殊に、損得にかかわることになると、自分を離れて正しく判断してゆくということは、非常にむずかしいことで、こういうことについてすら、コペルニクス風の考え方の出来る人は、非常に偉い人といっていい。たいがいの人が、手前勝手《てまえがって》な考え方におちいって、ものの真相がわからなくなり、自分に都合のよいことだけを見てゆこうとするものなんだ。

　しかし、自分たちの地球が宇宙の中心だという考えにかじりついていた間、人類には宇宙の本当のことがわからなかったと同様に、自分ばかりを中心にして、物事を判断してゆくと、世の中の本当のことも、ついに知ることが出来ないでしまう。大きな真理は、そういう人の眼には、決してうつらないのだ。もちろん、日常僕たちは太陽がのぼるとか、沈むとかいっている。そして、日常のことには、それで一向《いっこう》さしつかえない。しかし、宇宙の大きな真理を知るためには、その考え方を捨てなければならない。それと同じようなことが、世の中のことについてもあるのだ。

だから、今日、君がしみじみと、自分を広い広い世の中の一分子だと感じたということは、ほんとうに大きなことだと、僕は思う。僕は、君の心の中に、今日の経験が深く痕《あと》を残してくれることを、ひそかに願っている。今日君が感じたこと、今日君が考えた考え方は、どうして、なかなか深い意味をもっているのだ。それは、天動説から地動説に変わったようなものなのだから。

――吉野源三郎『君たちはどう生きるか』岩波文庫

地動説と天動説をどう考えるか

佐藤　さて、みんなに質問です。本当の占い師と、インチキの占い師の区別の仕方がわかる？　朝テレビでやっている星占いや、雑誌に掲載されている星占いは絶対に当たらないよ。大体、「今日は浪費に注意」とか「人間関係に注意」とか、今日だけじゃなくていつも注意しないといけない、当たり前のことしか言っていないでしょう。

本当の占い師は、まずその人の生まれた場所と、生まれた時間を分単位で聞きます。なぜかといえば、占いというのは、自分が生まれた時点で天の太陽と月と星がどこにあったかが原点になる。それが今どこにあるかという天体の変化を見て、その人の運命に与える影響を分析するのが占いなんだ。つまり、原点が確定できないと、占いはできないわけです。

星占いというのは、近代的な天文学が生まれるまでの体系知で、今でも星占いは天動説です。実は、天動説と地動説はどちらが正しくて、どちらが間違っているという問題ではありません。天動説は天動説で、宇宙の構造を十分に説明できる。それに対して地動説はニュートンの万有引力の法則[*3]によって、簡単なモデルで宇宙を説明できる。要するに同じ事柄をどう説明するかという話なんです。

コペルニクスは決意をもって教会と対決したと言われてきたけど、これは現在の実証研究では否定されています。コペルニクスはいろんな試行錯誤をしながら、教会とぶつかるのは極力避けようと考えていたことが、トーマス・クーン[*4]というアメリカの科学史家の『コペルニクス革命』(講談社学術文庫、1989年)を読むとよくわかる。

ちょうど教室の本棚に倫理の教科書があるから、そこから一ヵ所、重要なところを読んでみよう。

パラダイムとは「ゲームのルール」

3 万有引力の法則
イギリスの物理学者アイザック・ニュートン(1642年~1727年)が発見した、すべての物体は互いに引き合う力を持っているという考え方。

4 トーマス・クーン
1922年~1996年。アメリカの哲学者、科学史家。1962年に発表した主著『科学革命の構造』で

クーン：パラダイムの変換

哲学史の研究家クーン〈1922〜96〉は、科学者が対象を考察する論理的な枠組みをパラダイム（模範）と呼んだ。

科学者たちは、あるパラダイムを共有して、その枠の中で科学的な発見をしていく。しかし、そのパラダイムでは説明できない事実に出会うと、古いパラダイムは捨てられ、新しい事実を説明できる新しいパラダイムが採用される。このようなパラダイムの変換によって引き起こされる科学革命によって、科学は断続的に進歩してゆく。

ガリレイやニュートンらによる17世紀の近代自然科学の誕生は、自然を数量的な要素に分解して、その間に成り立つ関数関係をみつけるという、新しい思考のパラダイムの中で発展していった。現在では、パラダイムという言葉は科学に限らず、一定の時代のものの見方や考え方を方向づける概念的な枠組みとして、広く使われている。

——小寺聡編『もういちど読む山川倫理』山川出版社

「パラダイム」の概念を提唱。1957年に発表した処女作『コペルニクス革命』では、コペルニクスによる地動説の提唱は天文学分野の革新にとどまらず、古代以来、人々の生活に根付いた宇宙観の転換であり、西洋思想の枠組みを揺り動かす動乱であったと指摘した。

佐藤　この「パラダイム」という言葉が非常に重要です。パラダイムというのは、本来は動詞の変化形一覧表のことなんだけど、これをクーンは科学の歴史を説明するための概念として使いました。

昔の人たちは星を見て、「星がきれいだな」と思うのではなくて、その星が私にどういう影響を与えるのか、私にどういう運命を与えているのかと考えた。そういう世界においては、星の動きは人間の人生に大きな影響を与えたわけです。

それに対してニュートンは、もしかしたら万有引力の法則で天体の動きも説明できるんじゃないかと考えた。これによって天体の見方が大きく変わったために、パラダイムが変わってしまったんです。

だからパラダイムというのは、ゲームのルールなの。将棋とチェスとドラクエは、みんなルールが違うよね。ドラクエにはドラクエのパラダイムがあるし、将棋には将棋のパラダイムがある。どれが正しくて、どれが間違っているというわけじゃない。

「今まではみんな間違った天動説を信じていたけど、正しい地動説になりました」という考え方は、実は1979年からの偏差値教育と一緒で、基本的になんでも数値化できるという考え方です。

でも、『君たちはどう生きるか』が書かれたのは戦前の軍国主義の時代で、作者の吉野源三郎も治安維持法[*5]違反で警察に捕まったことがある。当時のように、あまりにも非合理なことばかりが多い状況の中で、もっと論理を重視しよう、もっと合理的に考えようと伝えることは、時代に対して強く抵抗する意味を持っていたわけです。

ただ、今の時代にこの論理をそのまま当てはめたら、単なる競争社会の論理になってしまう。そういうところまで読み込みながら、考えないといけません。

5―治安維持法
1925年、国体（天皇制）の変革と私有財産制の否定を目的とする運動を取り締まるために制定された。共産主義運動をはじめ様々な運動が対象となり、逮捕者は数十万人におよぶとされ、国民の言論や思想の自由を奪った。戦後1945年に廃止。

二つの「ものの見方」を行き来しよう

佐藤　みんなが今見ている太陽は、東から昇るよね。東から昇った太陽は、南を通って西に沈む。じゃあ、ニュージーランドやオーストラリアに行ったらどうなる?

生徒　北を通る。

佐藤　そう、南半球では太陽が北を通っていく。だからオーストラリアでは北向きの家のほうが日当たりがいい。そのように、オーストラリアの人が見る太陽の動きと、日本人が見る太陽の動きは違う。でも私たちから見れば、太陽はいつも東から昇って南を通る。そして動いているのは自分たちじゃなくて、太陽のほうだ。いくら地動説が正しいと学校で教えられても、その感覚は変わらないよね。

　そうなると、ものの見方には二つあるわけです。この本では、自己中心的な見方がいけないというけど、私は必ずしもそう思わない。人間は自分にとって利益があることが大事で、そこから離れて「これが正しい」と言っても、そんなのは長続きしない。よいことを毎日しましょうと言われても、いくらよいことをしても全然ほめられなかったらやらないよな。

そういう意味で、人間というのは本来、自己中心的な動物だし、生物はみんな自己中心性がある。

ドイツ語で言えば、für es（フュア・エス）、「彼にとって」、意訳すると「当事者にとって」。それに対して、für uns（フュア・ウンス）、「我々にとって」。これは学理的反省者、つまり学問と理論をおさえている人にとって、という意味です。この二つの考え方がある。

当事者にとっては、太陽が地球の周りを回っているように見える。ところが学問的な研究者にとってはそうではなくて、太陽の周りを地球が回っているというモデルで見える。重要なのは、この二つの見方を、行ったり来たりすることなんだ。

たとえば、みんなが難しい大学に入ったとするよ。そうしたらお父さんが突然、「お前は最近、生意気だ」と言い出す。当事者のお父さんとしては、息子や娘のやることが生意気に感じて腹が立つのかもしれないけど、実は娘や息子が大学で勉強して、将来は自分のわからないところに行っちゃうのが、お父さんにすると寂しいんだよ。だから、お父さんは実は寂しいんだとわかれば、ちょっと文句を言われても腹が立たないようになる。

こういうふうに、当事者である自分にとってどう見えるかということと、一歩引いて、学問的、客観的に見るとどう見えるかということは違う。このとき、学問的なことだけが正しいと考えたら、頭でっかちのつまらない人になってしまう。理屈のうえではいくら正しくても、人間の心情として理解できないことに対しては、そこを追体験して理解してあげる必要がある。その両方の考え方ができるということ、その二つを往復することが、人間にとって非常に重要なことなんだ。

『君たちはどう生きるか』の論理に従えば、天動説はレベルが低くて地動説はレベルが高い。だからみんなが学問的な研究をして、どんどん知恵を付けていけば世の中がよくなると、そういう考え方になる。でもいくら勉強して、知恵がたっぷりあるからといって、それだけで世の中がよくなるわけでもないし、人間が幸せになるわけでもない。考えてみよう。原子爆弾なんてものを発明したのは頭のいい人たちだろう。それによって人類は幸せになっただろうか？

ラブレターを書いたらポストが気になる

佐藤　もう一つ考えてほしいのは、ここのところです。

「殊に、損得にかかわることになると、自分を離れて正しく判断してゆくということは、非常にむずかしいことで、こういうことについてすら、コペルニクス風の考え方の出来る人は、非常に偉い人といっていい」(前掲書)

君たち、ラブレターを書いたことあるか？　きっとそのうち書くから教えておくけど、ラブレターはメールで送っても効果ないよ。メールじゃなくて、心を込めて手書きで書く。あまり長すぎると気味悪がられるから、便箋《びんせん》

って渡す？　2〜3枚くらいで心を込めて丁寧に手書きで書く。じゃあ、書いたらどうや

生徒　下駄《げた》箱に入れる？

佐藤　隣のやつが間違えて見つけたらどうする？　もう少し安全な方法を考えようよ。

生徒　家に行って直接渡す。

佐藤　それは下手したらストーカーと間違えられるよ。郵便で送るんだ。そうするとポストはどこにあるか、いつもは気にしないのに、急に気になるだろう？

ここで言うように「損得にかかわること」になると、人間は非常にアンテナが働くわけだ。ドイツの社会学者で、ユルゲン・ハーバーマス[*6]という人が言っているのは、「認識を導く利害関心」、つまり手紙を出したいときにはポストが気になる。そういうふうに物事には、自分の利益と関係することが必ず何かあるのだと。純粋客観的な立場というものはない。自分で意識していないところにも必ず利害関心が隠れている。人は自分に利害関心があるもの

6　ユルゲン・ハーバーマス　1929年〜。現代ドイツを代表する哲学者、社会学者。1968年に発表された『認識と関心』では哲学的・社会的認識と人間の関心の相関を社会理論として体系づけた。

だけを情報として引っ張ってくる。

このこともよく覚えておいてほしい。これは純粋客観だと思っているときには、必ずそこには偏見があると考えていい。たとえば、僕たち男性がつねに注意しなければならないのは、女性に対する偏見です。

家事労働にしても、本来は男と女で共同して生活しているんだから半分ずつやるべきだ。ところが、どうしてもお父さんはお母さんに家事労働を押し付けちゃう。あるいは子育てに関しても、お母さんの負担のほうが大きい。その根底には、普段は意識していない、女性への偏見がある。そういうところに目を向けていくことも、学問をやるうえで重要なことです。

人間は無意識に動かされる

佐藤　だから、君たちがものを考えるときには、こういう放物線をイメージしてみよう。（図2）

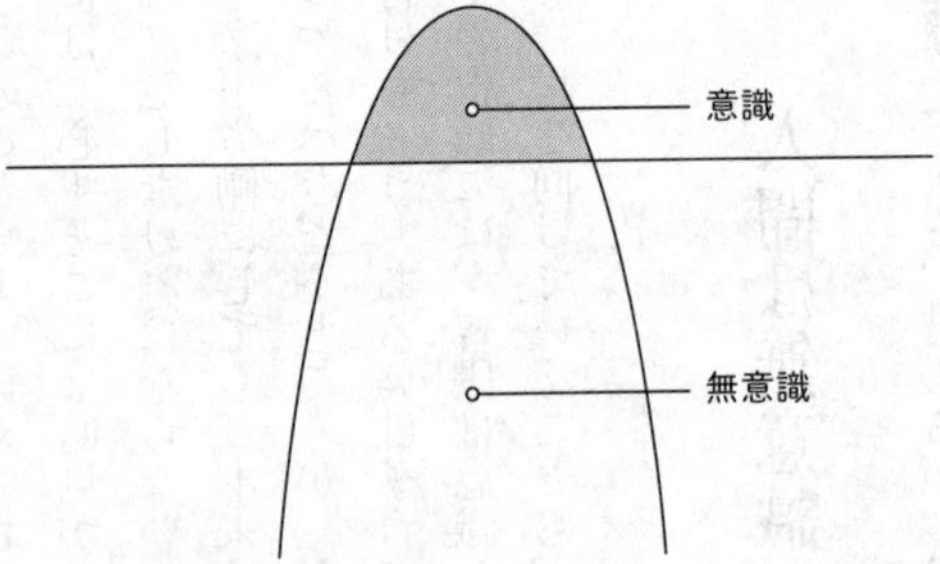

図2　意識と無意識

普段意識しているのは、この線より上のところだけなんだ。その底のほうには、無限に広がった無意識の世界がある。

人間は誰でも、自分の生まれた文化とか慣習とか、無意識的なものに動かされている。たとえば競争社会の中で、自分が少しでも上に行きたいと思うのは、バラバラになった分子のような人間が競争している近代的なモデルに、無意識に動かされていると考えられる。

こういうことを解明するには、催眠術の実験が役立ちます。レベルの高い催眠術師が、「午後3時になったらドアを開けろ」という催眠術をかける。そうすると、催眠術にかけられた人は午後３時になるとドアを開ける。なぜ開けるのかと聞くと、「ちょっと息苦しくて」とか、いろんな理由を付けるわけ。自分では催眠術をかけられていることがわからない。人間には、そういう無意識の領域があるんだ。

こういう無意識の部分とか、利害関心とかを度外視すると、地動説は正しくて天動説は間違っているというような一面的な考え方になってしまう。でも今私たちに必要なのは、この一面的な考え方じゃない。両方の考え方を行ったり来たりできるような、トランスできる考え方を身につけることです。

AI時代に何を勉強するか

佐藤　今、ＡＩ（人工知能）によってシンギュラリティ[*7]（技術的特異点）が来ると言っている人たちがいます。

２０４５年ごろにものすごく高速なコンピューターができて、コンピュー

7 シンギュラリティ
科学技術の加速度的な進化により、人工知能（ＡＩ）が人類の知能を超える時点、およびそれによって人間社会にもたらされる決定的な変化をさす。人工知能の権威レイ・カーツワイルはシンギュラリティが２０４５年ごろ到来すると予測した。

ターが自分自身で考えることができるようになる。それによってコンピューター、人工知能が人間の知恵を超える、というのがシンギュラリティ。そういうことが起こると思う？

生徒　問題を解くとかだったら超えられる場合があると思うけど、コンピューターは感情を持ってないから、全部が全部、人間を超えるかどうかわからない。

佐藤　私もそう思う。我々が機械を超えられないことはたくさんあるよね。たとえば我々は6桁×6桁×6桁の暗算ができるか？　駆け足で軽自動車に追いつけるか？　空を飛ぶことができるか？　そういう意味では、人間の能力を超える機械というのは、今までにたくさん創り出しているわけ。

しかしね、人間が考える機能というのを、コンピューターが完全に代替することはできない。それはなぜだろうか？　コンピューターができることって何だろう？

生徒　計算ができる。

佐藤　計算の中でも、四則演算だけだよね。もっと厳密に言うと、足し算と掛け算だけだ。

数学というのは大体4000年から5000年の歴史を持っている。その歴史の中で数学ができることは三つで、「論理」と「確率」と「統計」、この三つしかない。

そうすると、人間の知的な営為が、論理と確率と統計にすべて還元されるならば、シンギュラリティが来るかもしれない。しかしそれは来ないよね。感情をもつ、考えるっていうことが機械にはできないから。

たとえば電子翻訳というのは、機械が考えて翻訳しているんじゃない。ビッグデータの中から、似た文章を引っ張り出しているにすぎないわけ。琉球語はビッグデータがないから、琉球語の電子翻訳はできない。そういう意味において、機械が自分で考えることはできないんです。

だから、AIによってシンギュラリティが来て、人間の労働のほとんどがなくなるなんてことは起こらない。そういうパラダイム転換は起こらない。

こう考えてくると、みんなが今、勉強すべきことがわかるだろう？　AIと重なるような計算能力をいくら身につけたって、機械には勝てない。そうではなくて、考える力、人の気持ちになってそれを読み取る力、そういった力を付けていくことが非常に重要なんだ。

第4部

これからの時代を、どう生きるか

人間の結びつきについて

——『君たちはどう生きるか』を読み解く②

佐藤　ではつづいて、『君たちはどう生きるか』から、「人間の結びつきについて」というところを読んでいきます。

コペル君。

君の発見を、世界中の誰《たれ》よりも先に、僕に打明けてくれて、どうもありがとう。早速返事をあげたいけれど、あした君のうちに行くことになっているから、そのとき会って話すことにしよう。だがその前に、あの手紙を読んで考えたことを、僕は、このノートに書きつけておくことにする。そうすれば、いつか君がこのノートを読むとき、君は、もう一度、今度の発見を思い出し、僕の言葉を考えて見るだろうから。

僕はあの手紙を読んで、お世辞《せじ》でなく、本当に感心した。自分であれ

だけ考えていったのは、たしかに偉いことだと思った。僕なんか、君ぐらいの年には、あんなことは思っても見なかった。君が発見したようなことを、はっきりと考えるようになったのは、僕が高等学校にはいってからで、それも本を読んで教えられたからだった。

しかし、あれを読んで、君に考えてもらいたいと思ったことが、いろいろある。それを一つ二つ、コペル先生に申しあげておこう。

君は、「人間分子の関係、網目《あみめ》の法則」という名前より、もっといい名があったら言ってくれ、と手紙に書いたね。僕はいい名前を一つ知っている。それは、僕が考え出したのではなくて、いま、経済学や社会学で使っている名前なんだ。実は、コペル君、君が気がついた「人間分子の関係」というのは、学者たちが「生産関係」と呼んでいるものなんだよ。――人間は生きてゆくのに、いろいろなものが必要だ。そのために、自然界にあるいろいろな材料を使って、いろいろなものを作り出さなければならない。自然界にあるものを取って来て、そのまま着たり食べたりするにしても、やっぱり、狩をしたり、漁をしたり、山を掘ったり、何かしら働かなければならない。ごくごく未開の時代から、人間はお互いに協同して働いたり、分業で手分けをして働いたり、絶《た》えずこの働きをつづけて来た。こればかりは、よすわけにいかないからね。ところで、人間同志のこういう関係を、学者は生産関係と呼んでいるんだ。

最初、人間は地球の上の方々に、ごく少数のかたまりを作って生きていたから、こういう協同や分業も、その狭い範囲の中だけで行われていた。その時代には、自分たちの食べたり着たりする物が出来あがるのに、どういう人が骨を折ってくれたか、すっかり見透しだ。恐らく、みんなが顔見知りの間柄だったろうし、作る品物だって簡単なものばかりだったろうし、第一、狩をしたり漁をしたりするときには、みんな総がかりでやったに違いないから、自分の食べる物や着る物が、どういう人のおかげで出来たのかなどということは、考えて見ないでもわかっていただろうと思う。

ところが、そのうちに、そういう小さな集り同志の間に、品物の交換が行われたり、縁組がはじまったりして、だんだん人間の共同生活が広くなって来た。人間の集りも大きなものになって来て、とうとう国というものを作るようになった。もうこの頃《ころ》になると、協同や分業もだいぶ大規模となり、その関係が複雑になって、自分たちの食べる物や着る物を見たって、いったい誰《たれ》と誰とがこのために働いたんだか、一々知るわけにはいかない。作る方だって、自分の作ったものを、誰が食べたり着たりするんだか、見当はつかない。ただ、働いていろいろなものを作り出し、その代り、自分や自分の家族に必要なものをもらうとか、さもなければ、そういう必要品を買うための金をもらうとか、それが目あてで作り出すんだから、誰が着るか食べるかは、その人たちには問題じゃあない。

それから、もっと時代が進んで、商業が盛んに行われるようになり、国と国との間にさえ取引が行われるようになると、人間同志の関係は、ますますこみ入って来る。例えば、支那《シナ》の農民が、お金を儲《もう》けようと思って蚕《かいこ》をかい、生糸《きいと》をとって売ると、それが廻り廻ってローマの貴族の着物になるという風だ。こうなると、品物を作り出すためばかりじゃあない、それを運ぶためにも、大勢の人間が協同して働き、その間にさまざまな分業が行われて来る。そうして、世界の各地がだんだんに結ばれていって、とうとう今では、世界中が一つの網になってしまった。もう今日《こんにち》では、日本の製糸会社が生糸をとるのでも、紡績会社が木綿を作るのでも、日本人が絹や木綿にこまらないようにと考えてしているのではない。また、まず日本人の必要を満たし、あまったら外国へ売ろうなどと考えてやっているのでもない。はじめから、外国の市場《しじょう》に売りこむことを目あてに、大規模に生産しているんだ。つまり、人間同志の世界的なつながりを土台にして、その上で仕事をしているわけだね。インドや支那の何億《なんおく》という人々には、日本の木綿物や雑貨が必要だし、また、日本人にとっては、オーストラリアの羊毛やアメリカの石油が、なくてはこまるものとなっている。

こういうわけで、生活に必要なものを得てゆくために、人間は絶えず働いて来て、その長い間に、いつの間にか、びっしりと網の目のようにつながってしまったのだ。そして、君が気がついたとおり、見ず知らずの他人同志の間に、考えて見ると切っても切れないような関係が出来てしまっている。誰一人、この関係から抜け出られる者もない。むろん、世の中には、自分で何も作り出さない人がたくさんあるけれど、そういう人たちだって、ちゃんとこの網目の中にはいっているんだ。生きてゆく上には、一日だって、着たりたべたりしないではいられないから、やっぱり、なんとかこの網目とつながっていなければならないわけだろう。働かないでも食べてゆけるという人々は、それはそれで、この網目と、ある特別な関係がちゃんと出来ているんだ。——今日、世界の遠い国と国の住民同志が、どんなに深い関係になっているかということは、また折を見て話すとして、とにかく、ここに言ったような関係が人間の間にあって、それを学者たちは、「生産関係」と呼んでいる。つまり君は、粉ミルクから考えていって、この関係に気がついたのだ。(後略)

——吉野源三郎『君たちはどう生きるか』岩波文庫

佐藤　この文中で「支那」という言葉が出てきたけど、現在では使いません。なぜなら、中国を「支那」というのは戦前の日本において差別的な意味合いで使われていた言葉だから。ちなみに「支那」の語源は英語のチャイナと一緒で、「殷《いん》周秦《しん》漢」の「秦」です。だから語源は中立的だけれども、それが差別的に使われていた歴史のある言葉については、使うときに注意してください。

人類史はどのように発展してきたか

佐藤　さて実は、この本には元になった本、タネ本があります。これは、マルクスとエンゲルスという人が書いた「共産党宣言」[*1]の考え方で、それを、ソ連の独裁者であったスターリン[*2]が「弁証法的唯物論と史的唯物論」という論文にまとめ直したものが元になっている。でも『君たちはどう生きるか』が書かれた当時の日本には検閲[*3]があって、共産主義文書は検閲にひっかかる

1―「共産党宣言」　1848年、ドイツの社会学者カール・マルクス（1818年～1883年）とフリードリヒ・エンゲルス（1820年～1895年）によって発表され、以後の社会主義運動の指針となった。すべての歴史は階級闘争の歴史であるとし、社会問題の解決には労働者による階級闘争が必要であると呼びかけた。

2―スターリン

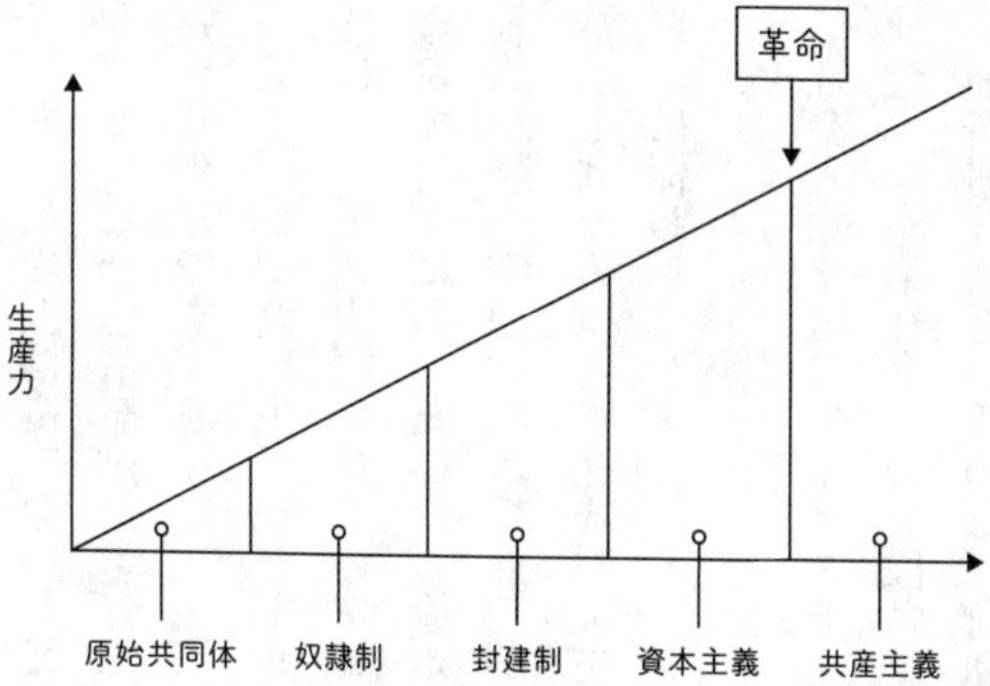

図3　唯物史観

から、ここでは共産党宣言とかマルクスとかスターリンとかは一言も書かずに、その考え方を説明しているわけです。

その基本にあるのは、「生産力と生産関係の矛盾」という考え方です。

ヨーロッパ的な考え方では、時間というのは一つの方向に向かって流れていく。そして時間が経つにつれて、だんだん生産力が上がってくる。生産力がいちばん低いのは、「原始共同体」。少し高くなると「奴隷制」。もう少し高くなると「封建制」。さらに高くなると「資本主

1879年〜1953年。ソビエト連邦の政治家。1922年から1953年まで共産党の第2代最高指導者を務めた。独裁的な権力を握って農業の集団化と工業化を進める一方、反対派を厳しく弾圧して恐怖政治を行った。

3—検閲
戦前戦中の日本では内務省が検閲を行い、書籍、新聞、映画などの内容を審査して不都合があれば発行や放送が禁止される

義」になる。しかしいくら生産力が上がっても、一部の人だけが富を独占して、大多数の人は持てない。だから、こういう生産関係ではもう無理だということになって革命がおこり、「共産主義」になる。これが「唯物史《ゆいぶつし》観《かん》」という考え方です。（図3）

実は、私が高校生だった1970年代ぐらいまでの歴史の教科書は、基本的にこの唯物史観に基づいていました。ところが以前から、たとえば奴隷制なんて日本にあったのか、原始共同体というのは本当にあったのかなど、実証的な歴史学の立場から批判がたくさんあった。現在ではこういう歴史観は成立しません。その辺を批判的に読まないと、間違った歴史認識のイデオロギーに捉われてしまう。

では、最新の歴史学や社会学の考え方においては、どうなっているのか。社会人類学者のアーネスト・ゲルナー*4は、人類史は「前農耕社会」、「農耕社会」、「産業社会」の3段階で発展すると考えています。

前農耕社会というのは、狩猟採集の社会です。今でもアフリカのカラハリ砂漠とかニューギニアの高地には、木の実を採ったり、動物を捕まえたりし

など表現活動は厳しく規制されていた。

4 アーネスト・ゲルナー　1925年〜1995年。フランス生まれ、イギリスの歴史学者、哲学者、社会人類学者。ナショナリズムの研究で知られる。

て、狩猟採集だけで生活している人たちがいる。

では、どうして当時の人類は定住しなかったのか。定住するとどんなトラブルがあるのか、わかる？　人間の生活で、絶対に欠かせないものは何だろう？

生徒　食べることと寝ること。

佐藤　食べて寝るだけ？　他にやることないか？

生徒　トイレに行く。

佐藤　そう、トイレ、排泄《はいせつ》だね。一ヵ所に定住すると排泄物が溜《た》まる。人間のうんこは溜まるとすごい量になって、そこに虫が湧いて、疫病が流行る。だからうんこが溜まったら、別の場所に移動してしまうわけ。それから、人が死ぬと、死体は異臭を放って、ウジ虫が湧く。不潔だし気持ち悪いから、そこから逃げだしてしまう。死体が怖くて、うんこが溜まるのが嫌だから定住しなかったんです。

かつては、人類の生産力がだんだん上がってきたから定住するようになったと考えられていたけど、最近は、その見方は間違えているのではないかと言われている。そうではなくて、先に権力があった。権力者が人々を無理やり定住させた。定住させられたことによって、農民は一日15時間ぐらい働くからね。それで生産性が上がったと考えられるわけです。

文明は後戻りできない

佐藤 中世の農民がどれぐらい働いていたか、実証研究がなされています。まず中世の農民は、一日に何カロリーぐらい摂《と》っていたか。ちなみに今の日本人は2000〜2500キロカロリーくらい。それに対して、中世のヨーロッパの農民は3400キロカロリーくらい摂っていた。なぜなら、彼らは筋力を使う重労働を朝から晩までやっていたから、それだけのカロリーが必要だったんです。

ではそのうち、肉はどのくらい食べていたと思う？ たとえば鶏だったら、1年間に何羽くらいだろう？

生徒　100羽ぐらい？

佐藤　実はたった2羽で、ほとんど肉は食べてなかった。オートミールみたいな穀物ばかり食べていたんだ。じゃあ、君たちが学校で鶏を飼っていたとき、どれくらいエサを食べさせていた？

生徒　大きな飼料入れがあるから、そこから食べさせてました。

佐藤　もし飼料になる穀物をそのまま食べれば、何十人分もの量になるよね。エネルギー効率から考えれば、鶏なんか育てないで、鶏のエサをみんなで食べたほうが効率はよいはずなんだ。だから人類の食糧危機は、みんなが肉食を止めれば相当解決する。でもそうはいかない。人間が肉を食うようになったら、もう後戻りできない。それが文明なんです。

だから、人類が定住して農耕社会になり、農耕社会から産業社会になる。そういうふうに社会が発展していくことは間違いない。

みんな、ヤジャーのガマ（洞窟）に行ったことがある？　数十年前まで、あそこにはすごい数のシャレコウベがあって、以前は古代の風葬の跡だと言われていた。でも実はそんなに昔じゃなくて、江戸時代の終わりに久米島で疫病が流行って多くの人が死んでしまったとき、埋葬できない死体をガマに投げていたんだ。

そのように農耕社会は疫病に弱かったし、飢饉《ききん》もしばしば起こった。どの社会がよいか悪いかはわからないけど、大量の餓死者が出なくなったのは産業社会になってからだと思う。

資本主義の基本的な構造を知る

佐藤　最近、若い人たちの夢を聞くと、とにかく起業したいとか、お金持ちになりたいとか言う人が多い。でもお金持ちになるのは、そう簡単ではありません。他方で、自分の名誉と尊厳を持って、きちんと生活していけるだけのお金を稼ぐことは、実はそれほど難しくない。そのためには、資本主義の基本的な構造を知っておかないといけない。
そこでカギになるのが、「労働力の商品化」という概念です。この考え方はマルクスの『資本論』[*5]という本から来ています。私はもともと外交官で、日本政府の役人だったから、ものの見方や考え方は保守的なんだ。特にソ連みたいな国にいたから、共産主義は大嫌い。しかしマルクスの考え方は基本的に正しいと思っています。

マルクスには二つの目がある。ひとつは、この資本主義の世の中はおかしいから、革命を起こして共産主義社会にしてしまおうという革命家の目、政治家の目です。私は革命家としてのマルクスには関心がないし、間違えていると思う。

それに対して、資本主義社会がどうなっているのかを見極めるマルクスの目、学者として、体系知と理論によって資本主義を理解しようとするマルクスの目は正しいと思っています。

資本主義の中心にあるのは「お金」です。

みんな、アルバイトをやったことある？　時給はいくらだった？

生徒　回転寿司でやってました。時給は８７０円。

佐藤　時給８７０円の回転ずしのバイトは、君が探して選んだ仕事だよね。

5―『資本論』　1867年～1894年刊（全3巻）。資本主義経済を理論的に解明したカール・マルクスの主著。唯物史観の立場から、資本主義から社会主義への移行の必然性を説いた。

でも中世までは、仕事を自分で選ぶことができなかったんだ。たとえば私の母親は昭和5年生まれだけど、当時の久米島の女性たちは、ごく一部が那覇へ出て小学校や中学校の先生になる以外は、農家のお嫁さんになるか、漁師さんと結婚して漁師のおかみさんになるか、それぐらいしか選択肢がなかった。みんな先祖代々の土地を耕して、蚕も飼って、紬《つむぎ》を織って、というライフスタイルだった。

それに対して、自分の土地は持っていないけど、自由に職業を選べるようになったのが、近代的な労働者の特徴です。「労働者」が誕生したのは、16世紀のイギリスです。当時、ヨーロッパが急に寒くなって、毛糸が高く売れるようになった。それで領主は自分の土地から農民を追い出して、そのかわりに羊をたくさん飼って金儲けをするようになったわけ。そのために、田舎にいた農民たちがみんな都市に出てきた。

彼らは何も持っていないけれど、働く力だけはある。つまりここで、自分の労働力を商品化して働く人たちが生まれた。これがその後の世の中全体を覆うことになる、資本主義の始まりです。

贈与、相互扶助、労働力の商品化

佐藤　戦前の久米島では、現金で買わなければいけないのはマッチだけと言われていた。他はほとんど自分の家で作っている野菜とか自分で獲《と》った魚とか、それらの物々交換によって成り立っていたから、貨幣経済はほとんどない状態だった。今でも久米島では、隣の家の玄関に野菜を置いていったりするよね。

コロンビア大学の先生であるカール・ポランニー*6という経済人類学者は、人間の経済には三つあると言っています。

一つ目は「贈与」。贈与というのは、見返りを求めずに人に何かをあげることです。たとえば久米島には、国公立大学や偏差値が一定以上の私立大学に行った人に無償の奨学金が出る基金があるよね。これは久米島生まれの実業家が、久米島の教育のために使ってほしいと、町に2億円を寄付したものです。

6　カール・ポランニー　1886年〜1964年。ハンガリー生まれ、英米で活躍。経済史の考察から経済人類学を体系化した。

この基金から、彼は何も見返りを求めていない。でも、対価はちゃんとあるんだよ。そういう人は尊敬されるでしょう。そしてまた、そういう成功者がいることが、久米島にとっての誇りになる。ビジネスで2億円儲ける人は少なくない。しかし、その2億円を何の見返りも求めずに、自分のふるさとに寄付する人は非常に少ない。久米島出身者にそういう人がいるのは、贈与の考え方が久米島の中にあるということです。

二つ目は「相互扶助」。これはさっき話したように、野菜がたくさん採れたから近所の人に配る、魚が獲れたから近所の人に配る。そうすると今度はうちで鶏をつぶしたからと、それを捌《さば》いて持ってくる。こうやってお互いに助け合うことです。

そして三つ目が商品経済。その核になるのが「労働力の商品化」です。労働の対価にお金をもらうという考え方です。

ポランニーは、この三つの経済のバランスがとれているのが「人間の経済」だと言う。ところが今は、3番目の商品経済だけが肥大して、人間と人間の関係が希薄になり、すべてを金で換算するような人間が生まれてしまったと批判しているわけです。

賃金はどうやって決まるか

佐藤　すべてが金に換算される世界を、マルクスはモデルを作って考えた。そこで人間が売るのは労働じゃなくて、「労働力」です。

たとえば、回転寿司のバイトではどんな仕事をしていた？

生徒　お寿司を皿に載せてレーンに流すとか、注文を受けて注文どおりに作るとか。

佐藤　それをたとえば、ホールでお客に対応するとか、レジを打つとか、別の仕事に変えられる可能性もあるよね、そのときに文句を言える？

生徒　言えないです。

佐藤　言えないよね。どうしてかというと、君は時給870円で、労働力という商品を提供しているから。雇っている人はその時間を自由に使って、8

70円より多くの価値を生み出すことができる。そうやって労働から多くの価値をつくって企業が儲けることを、企業の側からみると「剰余価値」と言います。一方、労働者の側からみると「搾取《さくしゅ》」になる。搾取っていうのは違法じゃありません。双方の合意のうえでなされるから、合法なんです。

そこでポイントになるのは、労働の価値、すなわち賃金がどうやって決まるかということです。その要件は三つある。

1ヵ月で考えてみよう。1番目は、労働者が1ヵ月の間、ご飯を食べる、家を借りる、服を着る、ちょっとしたレジャーをする。それによって1ヵ月間、働くためのエネルギーを蓄える。そのために必要な物やサービスを購入するお金です。

2番目は、家族をつくるお金。どうしてかというと、一世代だけで労働者が終わってしまったら、資本主義というシステムが永続しない。それだから、家族を養って、子どもを産んで育てて、再び労働ができるようにするためのお金が必要になる。

3番目は、自己教育のためのお金。科学技術は日々進歩していくから、労働者は自分で勉強して、仕事に堪えられる新しい技術を身につけていかなければいけない。そのための費用です。

資本主義下では、この三つの要素で賃金が決まる。だから時代や景気によって変動はあっても、労働者の賃金水準は大体決まってくる。大学を出ても、高校を出て就職しても、まじめに普通に働くならば、基本的には食べていけなくなる状況にはならないと考えていい。逆に言えば、ある人は特別な能力を持っているから1億円稼げる、なんてことは絶対にない。

そうすると、大きなお金を稼ぐためには、自分が働くのではなく、他人の労働を搾取する側に回らなければいけない。富というのは、他人の労働を搾取することによって得られる。これが資本主義の仕組みです。

日本に急増する「アンダークラス」

佐藤　橋本健二さんという社会学者が書いた『新・日本の階級社会』（講談社

現代新書、2018年)では、今の日本社会を、「資本家階級」、「新中間階級」、「正規労働者」、「旧中間階級」、「アンダークラス(パート主婦を除く非正規労働者)」という、五つの階級に分けています。

最初の資本家階級には大企業のオーナーや経営者だけでなく、従業員5人以上の零細企業の経営者も含みます。この階級にいる人は254万人で、日本の全就業人口の4・1%に当たる。彼らの平均年収は604万円で、資産は4863万円。

次は、新中間階級。おそらくみんなが大学を卒業して就職すると、この新中間階級に入っていく。高学歴の事務職や技師が中心で、1285万人、就業人口の20・6%。平均年収は499万円で、資産は2353万円。でも資産のほとんどは自分の持ち家です。

次は、正規労働者。それほど高いスキルを要求されない仕事に従事する労働者で、2192万人。これが日本の就業人口のボリュームゾーンで、35・1%を占めている。平均年収は370万円で、資産は1428万円。

旧中間階級というのは、小さいお店を経営している人などの自営業者で、

806万人。就業人口に占める割合は12・9％で、平均年収は303万円。資産額は2917万円。

だから、資本家階級から新中間階級、正規労働者、旧中間階級までは、経済的には意外とフラットで、そんなに大きい差はないんです。

それに対して、今の日本で急激に増えているのが「アンダークラス」といわれる人たちで、929万人、就業人口の14・9％を占めている。職種は、男性ではマニュアルに則して仕事をする、マニュアル職が57・9％、それ以外はサービス業、販売業が多い。女性では販売店員、事務員、料理人、給仕係、清掃員、介護員、といった人たちです。この人たちの平均年収は186万円。

今の日本の経済は、このアンダークラスに所属する人たちに依存せずには成り立たない。しかしこの人たちの生活は非常に厳しい。中央値の半分以下の収入を「貧困線」といいますが、アンダークラスにはこの貧困線以下の人が4割近く。特に夫と離婚したり死別した女性は63・2％が貧困線以下のところにいる。

アンダークラスの大きな特徴は、有配偶者率、すなわち夫や妻がいる人が少ないこと。男性は10人のうち約7人強が結婚していない。そのほとんどが、したいけどできない、経済的に家族を持つことが難しい人たちです。

このアンダークラスには、今の40歳前後の世代のように、卒業時が就職氷河期に当たったため、非正規で仕事についたまま軌道修正できなかった人たちが多くいる。彼らは今、非常に厳しい状況に置かれています。

税金と福祉の関係
――アメリカ型とヨーロッパ型

佐藤　社会保障について、世の中には大きく分けて、二つの考え方があります。一つは「低税率、低福祉」。税金は少ないけど、福祉もほとんどない。国でいえばアメリカ。たとえば日本で病院に行ったら、個人の負担分は全体の3割だよね。それから、東京23区の場合は中学生まで医療費は無償です。

ところがアメリカは全部有料。だからアメリカ人のほとんどはガン保険とか、いろいろな保険に入っている。

しかし、堤未果《つつみみか》さんというジャーナリストが『沈みゆく大国アメリカ』（集英社新書、2014年）で書いているのは、ある人がガンになったとき、民間保険で治療費が下りた。ところがその後、再発して申請したら、あなたはもう治る確率が低いから、治療薬の支払いはできません。そのかわり、安楽死のための薬なら保険適用になります、と言われた。

それから、アメリカの大学は2008年のリーマン・ショック[*7]以降、授業料が急騰した。アメリカは日本と違って私立大学が中心で、大学はどこも自分たちで株や企業の債券を売買したりしてお金を作っている。それと、卒業生のOB、OGたちが大学に寄付をしていた。ところがリーマン・ショックで株価が下がり、大学の持っている資産がガタッと減ってしまった。さらに投資銀行などで働いているOB、OGたちも失業して、大学に寄付ができなくなった。それで大学は研究水準と教育水準を維持するために、授業料を上げなければいけなくなったわけです。

7　リーマン・ショック　2008年9月15日、アメリカの住宅バブル崩壊をきっかけに多大な損失を抱えた大手投資銀行リーマン・ブラザーズが経営破綻。負債総額約64兆円というアメリカ史上最大の企業倒産は世界的な金融危機を招いた。

たとえばハーバード大学は昔から授業料が高かったけど、それでも年間200万円ぐらいだった。今は1年間で700万円、4年間で2800万円、通常は大学院まで行くから、6年間で計4200万円。カリフォルニア州立大学という公立大学でも年間600万円。だからアメリカの大学生は、大学を卒業するときに、とんでもない借金を背負っている。それで卒業しても就職できず、路上生活者になってしまうこともある。

それに対してヨーロッパでは、ドイツやフランスは今も大学の授業料が無料です。そのかわりヨーロッパは税金が高い。スウェーデンでは最高税率が56%だから、働いて1万円稼いでも、自分の手元には4400円しか入らない。物やサービスを買うときには、それに付加価値税25%もかかる。でも、保育園も幼稚園も無料でみんな入れるし、小学校も中学校も高校も大学もお金がかからない。医療も介護も無料。それだから、国民は税金が高くてもいいと考えているわけ。

じゃあ、日本はどうなのか？　日本はもともと「低負担、中福祉」で、税金や保険料は安いのに、医療は北欧並みの水準で、年金に関してもそこそこの水準だった。なぜそれができたかと言えば、他の国では政府がやることを、企業が肩代わりしていたから。大企業であれ中小企業であれ、企業に入れば、そこで社会保障的なものを受けられたわけです。

ところが今の日本は、景気が悪くなって、企業が正社員をどんどん採らなくなっている。だから今の40代のように、非正規のまま社会保障を受けられずに年を取っていく人が増える。医療を除けば「中負担、低福祉」という、かなりひどい状態になってしまった。

しかも日本という国は、とんでもない額の借金をしながら国の運営をしているからね。税金を上げて福祉を補強すればいいといっても、国民が政府を信用しない。経済を活性化して税金を増やしていこうとしても、みんな将来が不安だからお金を使わず、自分の将来のためにとってある。そうすると財源がないから制度改革ができない。そういう悪い循環に入っている状態です。

経済の論理に対抗する、新しい可能性

佐藤　みんなはこれから大学に入ったり、社会に出ていくわけだけど、覚えておいてほしいのは、世の中には理想的な状態というのはなかなか来ない。だけれども、あきらめたらいけない、ということです。

そこで重要なのが、この島で、いろんな人たちと助け合って勉強してきた経験だと思う。

久米島の歴史を考えてみれば、江戸時代の終わりには疫病が流行って、島の人口が激減するような危機もあった。戦前には食糧難が深刻で、多くの人が中南米に移住したり、あるいは本土に移ったりした。お医者さんも看護師さんも一人もいなかったし、教育機関も小学校しかなかった。

それが戦後すぐに久米島の人たちの力で、今の久米島高校の前身になる高校ができた。これは行政が作った学校じゃなくて、みんなの力で作り出した学校です。その伝統の中で各地から離島の教育を支援する人たちが来て、全

国からいろんな生徒たちも集まって、様々なコミュニケーションが生まれてきた。

今日話したように、久米島の歴史には、外から来た者と戦わずに共生して、生き延びる知恵があった。だから21世紀の今も、この島は外から移住してくる人たちを歓迎しているよね。久米島高校も島外から人を呼ぶことに積極的で、私のように久米島と縁のある人間を呼んで、島の振興のために役立てている。それは自分たちが孤立して、この島だけで固まっていたら生き残れないことを、みんなわかっているから。

一方で、外部の資本でリゾートマンションをたくさん作って、島外のお金持ちが住民税を払わずに南の島の雰囲気だけを味わって、久米島を消費して帰るようなことは認めない。だから開発会社が高いお金で土地を買おうとしても、島の人が土地を売らない。自分たちの経済的な利益よりも、もっと大切なものがある。これは私たちが誇りにしている、久米島のあり方です。

現代の産業社会は、経済の論理ですべてを数値化していく。その中で、経済の論理だけでは動いていない久米島のあり方というのは、実は競争至上主義、成果至上主義、教育でいうと偏差値至上主義の中でクタクタになってしまっている今の日本に、新しい可能性を示すことでもある。

みんなはこれから卒業して島を出て、沖縄本島とか本土に行って活躍する中で、いろんな壁や軋轢《あつれき》に出会うだろう。でも、この島でつちかった生き抜く力、人間力には、そういった壁を打ち破るだけの強い力があるはずだ。それを忘れないでほしい。

理解し合うために必要なこと

佐藤　それから、日本と沖縄の関係は、これからますます難しくなってくると思う。そのときに、本土から来ている人たちは、久米島で勉強したことによって、沖縄のよき理解者になることができる。また、久米島の人たちは、本土の生徒たちと一緒に学ぶことによって、皮膚感覚で本土の人たちの気持ちがわかると思う。

さっき、差別は構造化されているという話をしたけど、大多数の日本人は、沖縄に対して悪気はない。悪気はないけれども、なぜお互いに理解できないのか。そのカギになる部分というのが、一緒に生活していればわかるようになる。これはすごく大切なことです。

生徒　今、島外から来た生徒たちが沖縄のよき理解者になると言われたんですが、具体的に僕たちはどういうことをすればいいんでしょうか？

佐藤　話をすることだよ、お互いに。普段一緒にいても、なかなか踏み込んだ話はできないところがあるよね。でも何かのきっかけがあったとき、ちょっとずつでもお互いの考えを話してみるといい。そうすることで必ず相互理解は深まるから。

生徒　ありがとうございます。

佐藤　重要なのは、対話です。心の中で考えていることを察してくれというのは無理で、人間は言葉を持っているんだから、言葉にする努力をお互いにするということ。

それは学生時代の特権なんだ。大人になると、いろんな利害関係やしがらみで、なかなか考えていることを言葉にできない局面が多くなる。だから、今は学生時代の特権を大いに使うことだよ。

みんなが一人一人、これからの人生をどう考えて、どう生きるのか。この授業を通じて、自分のやりたいことの方向性が少し見えてきたらうれしいと思う。大切なのは、今の社会の現実を見つめたうえで、夢をきちんと持つということ。そうすれば、それは叶《かな》う。そんな話をしたくて、ここに来ました。みんな可能性は十分あるから、がんばって自分の夢を実現してください。

●この作品は二〇一九年八月に小社より単行本として刊行されたものです。

|著者|佐藤 優　1960年、東京都生まれ。作家、元外務省主任分析官。同志社大学大学院神学研究科修了後、外務省入省。在ロシア日本国大使館勤務などを経て、本省国際情報局分析第一課に配属。主任分析官として対ロシア外交の分野で活躍した。2005年『国家の罠――外務省のラスプーチンと呼ばれて』で作家デビューし、2006年『自壊する帝国』で大宅壮一ノンフィクション賞、新潮ドキュメント賞を受賞。ほかの著書に『獄中記』『私のマルクス』『母なる海から日本を読み解く』『十五の夏』『埼玉県立浦和高校――人生力を伸ばす浦高の極意』などがある。

人生《じんせい》のサバイバル力《りょく》

佐藤《さとう》 優《まさる》

講談社文庫
定価はカバーに
表示してあります

2022年3月15日第1刷発行

KODANSHA

発行者――鈴木章一
発行所――株式会社　講談社
東京都文京区音羽2-12-21　〒112-8001
電話 出版 (03) 5395-3510
　　 販売 (03) 5395-5817
　　 業務 (03) 5395-3615

デザイン―菊地信義
本文データ制作―講談社デジタル製作
印刷―――豊国印刷株式会社
製本―――株式会社国宝社

Printed in Japan

ISBN978-4-06-527346-3

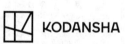

講談社文庫刊行の辞

二十一世紀の到来を目睫に望みながら、われわれはいま、人類史上かつて例を見ない巨大な転換期をむかえようとしている。

世界も、日本も、激動の予兆に対する期待とおののきを内に蔵して、未知の時代に歩み入ろうとしている。このときにあたり、創業の人野間清治の「ナショナル・エデュケイター」への志を現代に甦らせようと意図して、われわれはここに古今の文芸作品はいうまでもなく、ひろく人文・社会・自然の諸科学から東西の名著を網羅する、新しい綜合文庫の発刊を決意した。

激動の転換期はまた断絶の時代である。われわれは戦後二十五年間の出版文化のありかたへの深い反省をこめて、この断絶の時代にあえて人間的な持続を求めようとする。いたずらに浮薄な商業主義のあだ花を追い求めることなく、長期にわたって良書に生命をあたえようとつとめるところにしか、今後の出版文化の真の繁栄はあり得ないと信じるからである。

同時にわれわれはこの綜合文庫の刊行を通じて、人文・社会・自然の諸科学が、結局人間の学にほかならないことを立証しようと願っている。かつて知識とは、「汝自身を知る」ことにつきていた。現代社会の瑣末な情報の氾濫のなかから、力強い知識の源泉を掘り起し、技術文明のただなかに、生きた人間の姿を復活させること。それこそわれわれの切なる希求である。

われわれは権威に盲従せず、俗流に媚びることなく、渾然一体となって日本の「草の根」をかたちづくる若く新しい世代の人々に、心をこめてこの新しい綜合文庫をおくり届けたい。それは知識の泉であるとともに感受性のふるさとであり、もっとも有機的に組織され、社会に開かれた万人のための大学をめざしている。大方の支援と協力を衷心より切望してやまない。

一九七一年七月

野間省一